AFFEN

AFFEN

ARTEN · VERHALTEN · LEBENSRÄUME

Steve Parker

Parragon

Bath • New York • Singapore • Hong Kong • Cologne • Delhi
Melbourne • Amsterdam • Johannesburg • Auckland • Shenzhen

Entwurf und Realisation: Stonecastle Graphics Limited

Text: Steve Parker
Layout: Paul Turner und Sue Pressley
Lektorat: Philip de Ste. Croix
Bildrecherche: Harry Sharp

Queen Street House
4 Queen Street
Bath BA1 1HE, UK

Realisation der deutschen Ausgabe: trans texas publishing, Köln
Übersetzung: Monika Niehaus-Osterloh, Düsseldorf
Lektorat: Kristina Bönig, Köln

ISBN 978-1-4075-6767-9
Printed in Indonesia

Seite 1: *Affen benutzen eine ganze Reihe von Lauten, Gesichtsausdrücken und Gesten, um miteinander zu kommunizieren.*

Seite 2–3: *Der südafrikanische Bärenpavian ist einer der größten Paviane, ja sogar einer der größten Affen überhaupt.*

Seite 8–9: *Die südamerikanischen Totenkopfäffchen (links) bilden lärmende und geschäftige Gruppen von bis zu 200 Tieren, die schnatternd und zwitschernd in den Baumkronen nach Nahrung suchen. Ungewöhnlich an dem nordafrikanischen Berberaffen (rechts) ist, dass er im Gegensatz zu anderen Affen schwanzlos ist.*

Seite 52–53: *Ein Schimpanse begutachtet die „Termitenangel", die er angefertigt hat (links), um damit in einem Insektennest zu stochern. Wie dieser junge Gorilla (rechts) durchsuchen viele Menschenaffen das Erdreich nach Partikeln, die ihnen als wertvolle mineralstoffreiche Ergänzung ihrer pflanzlichen Nahrung dienen.*

Seite 78–79: *Die Diademmeerkatze (links) ist in Afrika weit verbreitet. Aber wie viele Affenarten ist auch sie durch die Zerstörung ihres Lebensraums, die Jagd nach Affenfleisch und den Handel mit exotischen Haustieren bedroht. Zucht- und Auswilderungsprogramme für Goldgelbe Löwenäffchen (rechts) sind erfreuliche Maßnahmen, um die Affen zu schützen.*

Bildnachweise:
(l = links, r = rechts, o = oben, u = unten, m = mittig)

© Shutterstock.com: Teresa Azevedo 29; Kitch Bain 26, 38, 60, 63, 72, 73, 89, 92; Can Balcioglu 11, 21; Jeff Banke 28; Ronald van der Beek 33*(r)*, 34*(ol)*, 39*(ul)*, 40; Henk Bentlage 23*(or)*, 43, 95*(ol)*; Simone van den Berg 8–9*(l)*, 18*(o)*, 19, 42, 44, 45*(mr)*, 55, 90, 94; Alex James Bramwell 30; Ferenc Cegledi 22; Cristina Ciochina 24*(o)*; Norma Cornes 52–53*(l)*; Jiri Cvrk 9*(r)*; Sharon D 62*(r)*; Pichugin Dmitry 33*(l)*; EcoPrint 47; Holger Ehlers 35; Steffen Foerster Photography 58, 75, 78–79*(l)*, 91; Gordon Galbraith 50; Eric Gevaert endpapers, 66–67*(u)*, 68–69*(l)*; Karen Givens 68*(r)*; Karen Hadley 15; Eric Isselée 4–5*(m)*, 5*(ur)*, 10, 32; Pascal Janssen 53*(r)*; Javarman 57; Tim Jenner 59*(l)*; Cynthia Kidwell 18*(u)*; Simon Tan Cheng Kim 80; Miranda van der Kroft 61, 86; Chris Kruger 2–3; Larsek 25, 83, 95*(ur)*; Luís Louro 17, 84; Christopher Marin 16; Petr Masek 7; Stephen Meese 23 *(ul)*; Holger Mette 51*(r)*; Tatiana Morozova 54; Todd Pierson 39*(or)*, Luc Sesselle 5*(or)*, 41; Laurie L. Snidow 45*(or)*; Jong Kiam Soon 71; Radovan Spurny 6; Taolmor 31, 81; Marina Cano Trueba 13, 14, 36–37; Stefanie van der Vinden 24*(u)*; Gary & Sandy Wales 34*(ur)*; Zaporozhchenko Yury 64.

© iStockphoto.com: David L. Amsler 20; Omar Ariff 48; Ronald van der Beek 70; George Clerk 82; David Cloud 65; Robert Deal 67*(o)*; Herbert Kratky 51*(l)*; Brandon Laufenberg 79*(r)*; Flavijus Piliponis 1; Graeme Purdy 76–77; Eliza Snow 46; Chanyut Sribuarawd 12, 27, 74.

© Corbis: Yann Arthus-Bertrand/Corbis 93; Markus Botzek/zefa/Corbis 88; DLILLC/Corbis 62*(l)*; Nigel J. Dennis/Gallo Images/Corbis 45*(ul)*; Chris Hellier/Corbis 59*(r)*; Herbert Kehrer/zefa/Corbis 85*(u)*; Frank Lane Picture Agency/Corbis 56; Kevin Schafer/Corbis 49, 85*(o)*; Staffan Widstrand/Corbis 87.

Inhalt

Einleitung

MENSCHENAFFEN, AFFEN sowie Lemuren und ihre Vettern werden als Primaten oder Herrentiere bezeichnet. Diese engen Verwandten von uns zeichnen sich durch vielerlei Eigenschaften aus: Sie sind lebhaft und neugierig, gesellig und kommunikativ und oft verblüffend intelligent. Die einzelnen Primatenarten unterscheiden sich zum Teil stark, weisen aber auch viele gemeinsame Merkmale auf. Einige sind fast zu zahlreich vertreten und werden durch Nahrungsmitteldiebstähle zu einer wahren Plage, während andere in ihren schwindenden Lebensräumen bereits bedrohlich selten geworden sind.

Zu den Lemuren zählen so bekannte Arten wie der Katta und der Vari wie auch das seltene, nachtaktive Fingertier oder Aye-Aye. Eng mit den Lemuren verwandt sind die großäugigen, auch Buschbabys genannten Galagos sowie die Loris und Pottos. Das Artenspektrum der Affen reicht von den winzigen Tamarinen und Marmosetten bis zu den großen, starken Pavianen mit ihren langen, kräftigen Eckzähnen. Die Menschenaffen sind die größeren schwanzlosen Verwandten der Affen. Zu ihnen gehören die Kleinen Menschenaffen oder Gibbons und die Großen Menschenaffen – Orang-Utans, Gorillas, Schimpansen und Bonobos. Wir Menschen sind die engsten lebenden Verwandten der Großen Menschenaffen.

Die Erforschung von Lemuren, Affen und Menschenaffen hilft uns zum einen, diese faszinierenden Lebewesen zu verstehen, zu schätzen und zu schützen. Zum anderen bringt sie uns dazu, uns und unsere eigenen Wurzeln besser zu verstehen.

Oben: *Im Gegensatz zu vielen anderen Primaten sind Kattas häufig auf dem Boden zu finden.*

Gegenüber: *Der Orang-Utan verbringt von allen Großen Menschenaffen die meiste Zeit auf den Bäumen.*

FAMILIEN UND VETTERN

Affen, Menschenaffen sowie Lemuren und ihre Vettern umfassen mehr als ein Dutzend Familien. Diese Familien sind durch gemeinsame Merkmale miteinander verbunden. Doch es gibt auch große Unterschiede zwischen ihnen. In der Familie der Großen Menschenaffen kann ein geschlechtsreifes Gorillamännchen mehr als 200 kg wiegen – so viel wie drei erwachsene Männer. Im Vergleich dazu wiegt der Mausmaki aus der Familie der Katzenmakis mit nur 30 g rund 6000-mal weniger und ist so klein wie eine Maus.

Gemeinsame Merkmale

AFFEN, MENSCHENAFFEN und die anderen Primaten haben ihren festen Platz in der Tierwelt unseres Planeten. Wo aber sind sie dort einzuordnen? Wie sind sie stammesgeschichtlich mit anderen Tieren verwandt, und wie verlief ihre Entwicklung?

Nach hierarchischem Prinzip teilen Biologen alle Lebensformen in Gruppen ein. Tiere mit einer Wirbelsäule werden als Wirbeltiere bezeichnet. Wirbeltiere wiederum, die warmes Blut haben, behaart sind und ihren Nachwuchs mit Milch säugen, bilden die Klasse der Säugetiere. Zu den Säugetieren gehören die drei großen Gruppen Menschenaffen, Affen und die Lemuren mit ihren nächsten Verwandten. Diese drei Gruppen formen aufgrund bestimmter Merkmale die Ordnung der Primaten oder Herrentiere.

Primaten und andere Säugetiere

Primaten weisen die allgemeinen Merkmale auf, die auf alle Säugetiere zutreffen. Bei genauerer Betrachtung wird jedoch deutlich, dass sie bestimmte Merkmale mit folgenden vier Säugetierordnungen teilen:

- Insektenfressern (350 Arten) wie Spitzmäuse, Maulwürfe, Igel und Tanreks.
- Fledermäusen (rund 1000 Arten), die als einzige Säugetiere den aktiven Schlagflug beherrschen.
- Spitzhörnchen oder Tupajas (rund 20 Arten), die Spitzmäusen und Eichhörnchen ähnlich sehen und in Süd- sowie Südostasien beheimatet sind.
- Riesengleitern oder Flattermakis (nur zwei Arten), deren Vorkommen auf Südostasien beschränkt ist. Die zweite Bezeichnung ist irreführend, da sie keine echten Lemuren sind. Auch können sie nicht aktiv fliegen, sind dafür aber Experten im Gleitflug.

In verschiedenen Bereichen gibt es Ähnlichkeiten zwischen den Primaten und diesen vier Ordnungen. Einige betreffen die Anatomie, vor allem im Bau von Oberarm- und Schulterknochen sowie in der Anordnung von Handgelenk- und Handknochen. Auch sind die Größe des Gehirns relativ zur Körpergröße sowie die Form der Hirnlappen vergleichbar. Ferner stimmen körpereigene Stoffe wie Antikörper bei diesen Säugetieren und Primaten im Typ überein. DNA-Analysen, die der Erstellung des gemeinhin bekannten genetischen Fingerabdrucks ähnlich sind, ergaben, dass dies auch auf ihr genetisches Material zutrifft.

Die engsten Verwandten der Primaten sind vermutlich die Riesengleiter und Spitzhörnchen. Vor allem Letztere gelten als „primitive" Säugetiere, da sie den allerersten Säugetieren gleichen, die sich zur Blütezeit der Dinosaurier vor etwa 200 Millionen Jahren auf der Erde entwickelten.

Primatenmerkmale

Primaten sind recht gewöhnliche Säugetiere, da sie viele originäre Säugetiermerkmale behalten haben. Sie haben sich weitaus weniger vom ursprünglichen Körperbauplan der Säugetiere entfernt als beispielsweise Elefanten mit ihrem langen Rüssel, Pferde mit ihrem einzehigen Fuß oder Delfine mit ihren flossenförmigen Vordergliedmaßen. Trotzdem gibt es Merkmale, die Primaten von anderen Säugetierordnungen unterscheiden. Dazu gehören

- ein im Vergleich zum Körpergewicht großes Gehirn;
- scharfe, nach vorn gerichtete Augen – statt seitlich sitzender Augen wie bei Kaninchen oder Mäusen –, Farbensehen und die Fähigkeit, präzise Entfernungen abzuschätzen;
- Behändigkeit und ein gutes Sprungvermögen, das teilweise auf den Bau der beweglichen und flexiblen Schulter- und Hüftgelenke zurückgeht;
- geschickte Greifhände und -füße, die, im Gegensatz zu den Pfoten oder Hufen anderer Säugetiere, Gegenstände bearbeiten können;
- bei den meisten Primatenarten flache Nägel an Fingern und Zehen statt scharfer Krallen.

Lebensraum und Lebensweise zeichnen Primaten neben ihren körperlichen Merkmalen aus. Die meisten Affen leben in sozialen Gruppen, deren Mitglieder in komplexer Form miteinander kommunizieren. Sie kümmern sich relativ lange um die Aufzucht ihrer Jungen und benötigen Bäume als Lebensraum und Nahrungsquelle. Fast alle Primatenarten bewohnen tropische Wälder, auf deren Bäumen sie sich fortbewegen, Unterschlupf und Nahrung finden. Nur wenige Arten sind reine Bodenbewohner, wie Paviane – und Menschen. Wir Menschen als Vertreter der Art *Homo sapiens* gehören auch zur Ordnung der Primaten.

Vorangegangene Seiten: *Die nach vorn gerichteten Primatenaugen wie bei diesem Gorilla (links) ermöglichen räumliches Sehen. Gegenseitige soziale Fellpflege, wie hier bei zwei Japanmakaken (rechts) zu sehen, spielt für den Zusammenhalt eine wichtige Rolle.*

Links: *Gibbons wie dieser Weißhandgibbon sind mit ihren beweglichen Schultergelenken unübertroffene Meister im Balancieren, Hangeln, Schwingen und Klettern.*

Gegenüber: *Von allen Tieren haben Primaten die geschicktesten Hände, mit denen sie sich hervorragend an Ästen festhalten können.*

Affen

LEBHAFT, GESCHÄFTIG und laut schnatternd zieht eine Affenhorde im Tropenwald durch das Geäst, immer nach Essbarem und Gefahren Ausschau haltend. Die meisten Affen kennen verschiedene Weisen der Fortbewegung: Sie springen, schwingen sich von Ast zu Ast oder rennen auf allen vieren dickere Äste entlang. Während die Mittagssonne am heißesten brennt, macht der Trupp Rast. Einige Tiere dösen, wohingegen andere sich gegenseitig ihr Fell pflegen – ein wichtiger Bestandteil des komplexen sozialen Miteinanders in der Gruppe. Am Spätnachmittag, wenn es etwas kühler geworden ist, macht sich die Horde wieder auf den Weg. Die Affen sammeln weiche Blätter und saftige Früchte, werfen sie aber meist nach ein bis zwei Bissen wieder auf den Boden und behalten ihre Nachbarn dabei ständig im Auge. Sobald einer aus der Gruppe eine besonders üppige Nahrungsquelle entdeckt hat, drängen sich die anderen um ihn herum, und es kommt oft zu Zänkereien …

Diese Beschreibung trifft auf einen Großteil aller Affen zu. Die genaue Zahl der Affenarten ist schwer zu schätzen, da immer noch neue Arten entdeckt werden. Kompliziert wird es auch, wenn genetische und andere Untersuchungen offenbaren, dass das, was früher für eine einzige Art gehalten wurde, in Wirklichkeit mehrere ähnliche Arten sind.

In der Regel haben alle Affen fünfstrahlige Hände und Füße, mit denen sie greifen und halten können, längere Beine als Arme sowie einen Schwanz, der zum Teil noch länger als die Kopf-Rumpf-Länge ist. Bei einigen Arten ist der Schwanz fast ganz zurückgebildet.

Affen werden in zwei große Gruppen unterteilt: in die Neuweltaffen, die in der Neuen Welt – also auf dem amerikanischen Kontinent, wenn auch vorzugsweise in Süd- und Mittelamerika – vorkommen, und die Altweltaffen, deren Heimat die Kontinente der Alten Welt einschließlich Afrika und Asien sind.

Neuweltaffen

Es gibt mehr als 140 Neuweltaffenarten. Ihre exakte Klassifizierung ist umstritten, doch im Allgemeinen umfassen sie folgende Hauptgruppen:

- Marmosetten und Tamarine (Krallenaffen)
- Kapuzineraffen und Totenkopfäffchen
- Springaffen
- Nachtaffen
- Sakis und Uakaris
- Brüllaffen
- Klammeraffen und Wollaffen

Neuweltaffen sind Baumbewohner und oft kleiner als Altweltaffen. Die meisten Arten leben in dichten tropischen Wäldern, vor allem in den Regenwäldern des riesigen Amazonasgebiets im Norden und Zentrum von Südamerika. Einige Arten sind aber auch in kleineren Regenwaldregionen Mittelamerikas anzutreffen.

Die größten Neuweltaffen sind die Brüllaffen – ihre beiden Arten Mantelbrüllaffe und Schwarzer Brüllaffe können mehr als 10 kg wiegen. Brüllaffen haben verhältnismäßig große Gesichter, und die Männchen einen Stimmapparat, mit dem sie ein über mehrere Kilometer hörbares Gebrüll ausstoßen können. Mit diesen Rufen, die an Lautstärke von keinem anderen Landtier übertroffen werden, kennzeichnen sie in der Regel ihr Revier. Brüllaffen verbringen über ein Viertel ihres Tages am Boden. Sie bewegen sich dort von einer Nahrungsstelle zur anderen oder pflegen sich gegenseitig das Fell.

Die Marmosetten und Tamarine sind die kleinsten Neuweltaffen. Sie sind lebhaft, flink, haben langes Fell und kleine Gesichter. Bei mehreren Arten sind die Haare auf der Oberlippe deutlich anders gefärbt als der übrige Kopf; so trägt der Kaiserschnurrbarttamarin einen langen, weißen Schnurrbart, der sich deutlich von der schwarzen Kopfbehaarung absetzt.

Vorangegangene Seiten: *Die meisten kleineren Affen (links) haben ein kleines, rundes Gesicht, große Augen und eine Stupsnase. Grüne Meerkatzen (rechts) sind in Lebensräumen in Afrika weit verbreitet.*

Gegenüber: *Schwarze Brüllaffen ziehen jeweils nur ein Junges auf.*

Oben rechts: *Totenkopfäffchen folgen oft Trupps von Kapuzineraffen oder mischen sich unter sie.*

Nasenform

Die Neuweltaffen werden auch als neotropische Primaten und wissenschaftlich als *Plathyrrhini* (Breitnasen) bezeichnet. In der Tat ist die Nasenform eines der wichtigsten Unterscheidungsmerkmale zwischen Neuwelt- und Altweltaffen. Die Nase von Neuweltaffen ist ziemlich breit und flach. Ihre Nasenlöcher sind meist seitwärts gerichtet, statt nach vorn oder nach unten zu weisen. Außerdem unterscheiden sich die Affen durch die Anzahl ihrer Zähne. Neuweltaffen haben zwölf Backenzähne (Molaren) und nicht nur acht wie die Altweltaffen.

Der Greifschwanz

Nicht alle Affen haben einen Greifschwanz. Wenn ein Affe jedoch einen Greifschwanz hat, muss es ein Neuweltaffe sein, denn nur sie haben diese nützliche „fünfte Hand". Am höchsten ist der Greifschwanz bei Klammeraffen entwickelt. Zwar kann ein Klammeraffe nur das letzte Fünftel seines Schwanzes um einen Ast wickeln, jedoch reicht dieser Griff schon aus, um das Gewicht des Tieres zu tragen. Die haarlose Unterseite ihrer Schwanzspitze weist Linien und Rillen wie unsere Fingerkuppen auf. Das verleiht ihr eine hohe Berührungsempfindlichkeit und sorgt zudem auf feuchter Baumrinde für sicheren Halt.

Ein Greifschwanz kann vielseitig genutzt werden. Zusammen mit Armen und Beinen kann der Affe mit ihm sein Gewicht besser verteilen. Außerdem kann er sich mit dem Greifschwanz und seinen Beinen sicher an drei Stellen verankern, um so mit seinen beiden frei bleibenden Händen Nahrung zu bearbeiten. Nicht zuletzt kann er mit seinem Schwanz Nahrung zum Mund führen, wenn seine Hände anderweitig beschäftigt sind.

Ernährung

Neuweltaffen sind hauptsächlich Vegetarier. Die meisten Arten ernähren sich von Knospen, Blüten, Früchten und Samen. Mehrere Arten haben sich auf Pflanzensäfte, Harze und andere pflanzliche Ausschwitzungen spezialisiert. Diese Flüssigkeiten sickern aus dem Baumgewebe, wenn die Affen die Rinde abschälen.

Viele Kapuzineraffen und Springaffen fressen zwar Kleintiere wie Raupen, Käfer, kleine Eidechsen oder Nestjunge, jedoch leben auch sie vorwiegend von Pflanzen. Das Gewöhnliche Totenkopfäffchen nimmt mehr tierische Nahrung zu sich.

Oben: *Der Speiseplan von einigen Totenkopfäffchenarten ist sehr vielseitig – er reicht von Insekten bis zu süßem Blütennektar.*

Unten: *Viele Marmosetten lieben Harze und Pflanzensäfte, verschmähen aber auch Knospen und Früchte nicht.*

Gegenüber: *Weißgesicht-Sakis ernähren sich überwiegend von Früchten. Sie fangen aber auch lebende Beute, wie Fledermäuse. Hier ist ein Weibchen zu sehen, denn die Männchen haben fast völlig weiße Gesichter.*

Oben: *Im Nordwesten Südamerikas suchen Kapuzineraffen vor allem in der mittleren Schicht des Waldes nach Nahrung. Sie mischen sich unter Uakaris, Totenkopfäffchen und einige andere Affenarten.*

Gegenüber: *Bei diesem Japan- oder Rotgesichtmakaken sind die typischen Merkmale von Altweltaffen gut erkennbar – eine schmale Nase, nach unten weisende Nasenlöcher sowie ein schmaleres Gesicht als ihre Verwandten aus der Neuen Welt.*

Sozialverhalten

Neuweltaffen haben vielfältige Sozialbeziehungen. Klammeraffen leben in großen Gruppen zusammen, die sich zur Nahrungssuche in kleinere aufteilen, abends aber wieder zusammenfinden. Totenkopfäffchen ziehen in großen Horden herum, die sich regelmäßig mit anderen Affenarten mischen. Männchen und Weibchen gehen keine engen Paarbindungen ein. Im Unterschied hierzu besteht eine soziale Einheit bei den Marmosetten aus einem erwachsenen Zuchtpaar, ihren Jungen sowie noch nicht erwachsenen Tieren, die bei der „Kinderpflege“ helfen.

Altweltaffen

In Afrika und Asien leben mehr als 130 Altweltaffenarten. Im Allgemeinen werden sie in folgende Hauptgruppen eingeteilt:

- Sumpfmeerkatzen, Zwergmeerkatzen, Husarenaffen, Grüne Meerkatzen, Monameerkatzen und Eigentliche Meerkatzen
- Makaken, Mangaben, Paviane, Drills und Mandrills
- Stummelaffen, Guerezas, Languren im engeren Sinne, Kaplanguren, Schlankaffen, Kleideraffen, Mützenlanguren (Surilis) und Stumpfnasenaffen
- Koboldmakis werden manchmal zu den Altweltaffen gerechnet, häufiger aber als deren enge Verwandte angesehen (siehe Seite 51).

Wissenschaftlich heißen die Altweltaffen *Catarrhini* (Schmalnasen). Im Gegensatz zu den Neuweltaffen ist ihre Nase schmaler oder zumindest weniger breit, und die Nasenlöcher zeigen nach vorn oder unten. Die meisten Arten haben acht Backenzähne und nicht zwölf wie die Neuweltaffen. Keine von ihnen hat einen Greifschwanz – manche haben sogar, wie einige Paviane, fast überhaupt keinen Schwanz.

Mit ihren relativ großen Gesichtern und untersetzten Körpern sind Altweltaffen in der Regel kräftig gebaut. Sie fühlen sich eher am Boden als auf den Bäumen zuhause. Einige Arten bewegen sich außerordentlich schnell auf allen vieren fort; so kann beispielsweise ein Husarenaffe einem Menschen davonlaufen.

Fell

Felllänge und -färbung variieren stark bei Altweltaffen. Viele Makaken haben eintönig braunes oder graues Fell. Andere Arten hingegen sind eindrucksvoller gefärbt. Die helle, löwenartige Mähne des Bartaffen hebt sich deutlich vom dunklen Fellkleid an Rumpf und Gliedern ab. Mandrillmännchen haben eine leuchtend rot und blauweiß gestreifte Schnauze mit einem orangefarbenen Bart. Die Schwarzweißen Stummelaffen (*Colobus*) sind nach ihrer stark kontrastreichen Fellfärbung benannt. Die Eigentlichen Meerkatzen (*Cercopithecus*) sind für ihre bunten Gesichtszeichnungen bekannt. Die Blaumaulmeerkatze trägt einen schmalen, weißen Oberlippenbart, wohingegen die Rotbauchmeerkatze mit einem weißen Backenbart ausgestattet ist.

Viele Altweltaffen haben Gesäßschwielen, verdickte Hautpolster an Gesäß und Rumpf, die wissenschaftlich als Ischialkallositäten bezeichnet werden. Das Aussehen dieser Gesäßschwielen ermöglicht Rückschlüsse auf Geschlecht und Geschlechtsreife des Besitzers. Bei einigen Arten verfärben sich die Gesäßschwielen zur Fortpflanzungszeit bunt.

Oben: *In den verschiedenen Regionen Afrikas gibt es mehrere Arten der Schwarzweißen Stummelaffen. Der Weißanteil im Schwanz variiert bei diesen schönen Tieren von 10 bis zu 90 Prozent.*

Links: *Jede Art und sogar jede Unterart der Eigentlichen Meerkatzen hat eine etwas andere Gesichtsfärbung und -musterung. Die hier abgebildete Lowe-Meerkatze, die in den Küstenregionen von Westafrika beheimatet ist, ist eine von mehreren Unterarten der Campbell-Meerkatze.*

Gegenüber: *Das bunte Gesicht dieses Mandrillmännchens leuchtet in der Fortpflanzungszeit besonders farbenprächtig und signalisiert so dessen Paarungsbereitschaft. Der Mandrill lebt in Kamerun und Gabun, Westafrika.*

Oben: *Die in ganz Südostasien verbreiteten Javaneraffen ernähren sich vorwiegend von Früchten und Samen.*

Unten: *Die Mitglieder einer Pavianhorde erkennen neugeborene Jungtiere ihrer Gruppe schon nach kurzer Zeit an ihrem Aussehen, Geruch und ihren Lautäußerungen.*

Ernährung

Altweltaffen sind bei ihrer Nahrungsbeschaffung in der Regel weniger auf unberührte tropische Regenwälder angewiesen als ihre Verwandten in der Neuen Welt. Viele suchen am Boden nach Futter und sind anpassungsfähige Allesfresser. Sie sammeln Samen, Knospen und Schösslinge auf oder graben nach saftigen Wurzelknollen. Zudem fangen sie Kleintiere wie Insekten oder auch Frösche, Eidechsen oder Mäuse.

Unter Altweltaffen gibt es auch einige Nahrungsspezialisten. Der Javaneraffe frisst sogar gelegentlich Krebstiere, aber auch Frösche, junge Schildkröten, kleine Wasservögel sowie andere Wassertiere. Die Schlank- und Stummelaffen (*Colobinae*), zu denen die afrikanischen Schwarzweißen Stummelaffen sowie die asiatischen Languren gehören, nehmen keine oder kaum tierische Nahrung zu sich. Ihr Magen hat mehrere Kammern und ist mithilfe von Bakterien in der Lage, ihre Hauptnahrung, Blätter, abzubauen – ähnlich wie Wiederkäuer Gras in ihrem Magen „fermentieren“.

Horden und Familien

Die Arten der Alten Welt führen im Allgemeinen ein weniger intensives Sozialleben als die der Neuen Welt. Einige Altweltaffen, darunter Makaken und Paviane, bilden gemischte Horden von Männchen, Weibchen und Jungtieren. Unter Umständen fechten die Männchen heftige Kämpfe aus, um einen höheren Platz in der Rangordnung zu erlangen.

Andere Altweltaffen, wie die Eigentlichen Meerkatzen und Languren, bilden Haremsgruppen, in denen ein Männchen mit mehreren Weibchen und deren Jungen lebt. Heranwachsende Weibchen verlassen ihre Geburtsgruppe und schließen sich einer anderen Gruppe an. Die jungen Männchen ziehen allein umher oder bilden Junggesellenverbände, bis sie geschlechtsreif werden, Weibchen anlocken und einen eigenen Harem gründen können.

Gegenüber: *Schwarze Haubenlanguren (hier eine seltene braune Variante) kümmern sich rund 18 Monate intensiv um ihre Jungen.*

Menschenaffen

DIE FAMILIE der Menschenaffen bildet die artenärmste Primatengruppe und kommt – mit Ausnahme einer einzigen Art – ausschließlich in der Alten Welt vor. Es gibt zwei wichtige Untergruppen:

- Kleine Menschenaffen (*Hylobatidae*): Diese Gruppe umfasst die Gibbons mit rund einem Dutzend Arten (die Angaben schwanken zwischen 11 und 13), die alle in Süd- und Südostasien leben.
- Große Menschenaffen (*Hominidae*): Dazu gehören die beiden Orang-Utan-Arten in Südostasien sowie die Gorilla- und Schimpansenarten Afrikas.

Wir Menschen (*Homo sapiens*) gehören ebenfalls zu der Familie der Menschenaffen. Als einzige Art dieser Gruppe beschränkt sich unser Vorkommen nicht nur auf Afrika oder Südostasien.

Uns ausgenommen sind Menschenaffen in vielen Belangen einfach nur größere Ausgaben der Affen. Jedoch sind bestimmte anatomische Merkmale nur der Gruppe der Menschenaffen zu eigen. Eines davon ist das Fehlen eines Schwanzes. Die meisten Primaten haben einen Schwanz, wohingegen Menschenaffen immer schwanzlos sind. Umgekehrt kann aus dem Fehlen eines Schwanzes jedoch nicht geschlossen werden, dass der Affe zu den Menschenaffen gehört. So ist der nordafrikanische Berberaffe zwar schwanzlos, gehört aber zu den Makaken.

Gibbons

Das Verbreitungsgebiet der Kleinen Menschenaffen erstreckt sich von Ostindien über das südostasiatische Festland und die Malaiische Halbinsel bis nach Sumatra, Java und Borneo. Die rund ein Dutzend Gibbonarten haben sich in den vergangenen zwei Millionen Jahren vermutlich aus einer einzigen Ursprungsart entwickelt. Geografisch sahen Süd- und Südostasien damals anders aus als heute. Durch den sinkenden und steigenden Meeresspiegel wurden unterschiedliche Teile dieses Gebiets isoliert und zu Inseln. Die Vorfahren der heutigen Gibbons wurden auf diesen Inseln voneinander getrennt und entwickelten sich schließlich zu verschiedenen, an ihren speziellen Lebensraum angepassten Arten.

Vorangegangene Seiten: *Junge Schimpansen (links) probieren Nahrung aller Art. Die meisten Gibbons (rechts) leben in kleinen Gruppen mit einem Weibchen, einem Männchen und den Jungen, die die Familie noch nicht verlassen haben.*

Oben: *Gibbons sind in der Lage, aufrecht über Äste zu laufen – mit ihren langen Armen können sie gut balancieren oder leicht nach nahe gelegenen Ästen greifen.*

Gegenüber: *Gibbons wie dieser Weißhandgibbon oder Lar begeben sich meist nur auf den Boden, um etwas mineralreiche Erde zu fressen oder nach Insekten zu suchen.*

Gibbons haben ein schmales Gesicht, einen schlanken Körper, lange Beine und noch längere, muskulöse Arme mit hakenartigen Händen.

Die langen, gebogenen Finger liegen eng nebeneinander, und der stark zurückgebildete Daumen ermöglicht einen sicheren Griff um die Äste. Gibbons beherrschen die einmalige Fortbewegungsform des Schwinghangelns (Brachiation) – sie schwingen sich mit weiten Armschwüngen elegant von Ast zu Ast. Gibbons können sich extrem schnell durch das Kronendach des Waldes bewegen.

Der Siamang ist mit einer Kopf-Rumpf-Länge von 90 cm und einem Gewicht von 15 kg der größte Gibbon. Wie bei den meisten Menschenaffenarten sind Siamangweibchen kleiner als die Männchen. Der Größenunterschied zwischen den Geschlechtern wird als Geschlechtsdimorphismus bezeichnet – bei Gibbons ist er jedoch weniger ausgeprägt als bei den Großen Menschenaffen. Zu den kleinsten Gibbons gehören der Kloss-Gibbon und der Weißhandgibbon, die etwa halb so groß wie Siamangs werden.

Lebensraum

Im Allgemeinen sind Gibbons im Kronendach primärer oder ungestörter tropischer Regenwälder zuhause. Sie leben in kleinen Familiengruppen, geführt von einem Männchen und einem Weibchen, die eine starke und dauerhafte Paarbindung eingehen. Sie festigen ihre Bindung regelmäßig durch gemeinsames Rufen, vor allem während des allmorgendlichen „Chorgesangs". Die Rufe bestehen aus verschiedenen Lauten wie Jaulen, Brüllen und Kreischen sowie aus Tönen, die an menschliches Gelächter erinnern. Männchen und Weibchen singen „im Duett" – sie rufen und warten auf die Antwort des anderen. Mit diesen Gesängen teilt das Paar Artgenossen mit, dass es gesund und bereit ist, sein Revier zu verteidigen. Die meisten Gibbons ernähren sich überwiegend von Früchten. Siamangs fressen größtenteils Blätter, während bei Kloss-Gibbons Kleintiere wie Raupen, Termiten, Käfer und Käferlarven bis zu einem Viertel der täglichen Nahrung ausmachen.

Orang-Utans

Die Orang-Utans sind die einzigen asiatischen Großen Menschenaffen. Es gibt zwei Arten: den Borneo-Orang-Utan (*Pongo pygmaeus*) und den Sumatra-Orang-Utan (*Pongo abelii*). Bis in die 1990er-Jahre galten sie als eine einzige Art, denn der Sumatra-Orang-Utan wurde für eine Unterart des Borneo-Orang-Utans gehalten. Genetische Untersuchungen ergaben jedoch, dass es sich bei ihnen um zwei getrennte Spezies handelt, die sich seit mehr als einer Million Jahren unabhängig voneinander entwickeln.

Orang-Utans haben ein rötliches Fell, dessen Farbton je nach Tier von Kastanienbraun über Rostrot bis leuchtend Orange reichen kann. Bei der Borneo-Art ist das Fell oftmals kürzer und wirkt struppiger. Ältere Männchen entwickeln oft dicke Backenwülste, die das Gesicht stark verbreitern und bei der Sumatra-Art mit feinen, hellen Haaren bedeckt sind. Borneo-Männchen sind ebenfalls mit einem großen Kehlsack ausgestattet. Älteren Männchen beider Arten wachsen an Schultern und Armen lange Haare, die wie ein Umhang wirken.

Orang-Utans halten sich meist in den Bäumen auf. Ältere Männchen laufen zwar gelegentlich aufrecht und mit hochgehobenen Armen am Boden herum, doch Weibchen und Jungtiere verlassen die Baumkronen nur selten. Im Vergleich zu Schimpansen und Gorillas sind Orang-Utans die ungeselligsten Vertreter der Großen Menschenaffen, denn in der Regel ziehen die Tiere einzeln umher. Dauerhafte Bindungen gibt es nur zwischen einer Mutter und ihrem Jungen.

Orang-Utans sind vorwiegend Pflanzenfresser und ernähren sich vor allem von reifen Früchten, Blättern, Blüten und Schösslingen. Sie nehmen jedoch auch tierische Nahrung zu sich, so wie Insektenlarven, Honig, Vogeleier, Nestlinge oder auch kleine Nager.

***Oben und rechts:** Das Wort Orang-Utan bedeutet im lokalen malaiischen Dialekt „Alter Mann aus dem Wald". Ältere Männchen (rechts) sind an ihren Backenwülsten zu erkennen, die wie der Kehlsack ein Zeichen der Geschlechtsreife sind und bei Weibchen und jungen Männchen nicht zu finden sind. Weibchen (oben) haben ein etwas kürzeres Fell als Männchen, tragen aber ebenfalls einen Bart.*

Gorillas

Die größten Menschenaffen und Primaten sind Gorillas. Ein kräftiges Männchen kann stehend bis zu 1,80 m hoch sein und 200 kg wiegen. Gorillas weisen auch den deutlichsten Größenunterschied zwischen den Geschlechtern auf – die Männchen sind oft doppelt so groß wie die Weibchen. Die meisten Gorillas sind muskulös gebaut und haben, bis auf ihr unbehaartes Gesicht, ein schwarzes Fell. Ältere Männchen entwickeln eine silbergraue Rücken- und Flankenpartie und werden daher auch „Silberrücken" genannt.

Manche Experten haben Gorillas in bis zu fünf Arten unterteilt. Heute geht man nur noch von zwei Arten aus. Eine davon ist der Westliche Gorilla (*Gorilla gorilla*). In Westafrika beheimatet lebt er in weit verstreuten Gebieten, die sich wie ein Bogen von Nigeria und Kamerun bis zu der Zentralafrikanischen Republik, der Demokratischen Republik Kongo und nach Angola ziehen. In der Regel werden zwei Unterarten unterschieden: der Westliche Flachlandgorilla und der Cross-River-Gorilla.

Der Östliche Gorilla (*Gorilla beringei*) ist in Zentralafrika zuhause. Die Art wird in den Östlichen Flachlandgorilla, dessen Verbreitung vom östlichen Kongo bis nach Südwestuganda und südlich bis Nord-Ruanda reicht, und in den Berggorilla unterteilt. Berggorillas haben ein viel längeres Fell als ihre Verwandten – eine Anpassung an ihren kühlen, feuchten und hochgelegenen Lebensraum. Sie sind vom Aussterben bedroht und nur noch in kleinen Rückzugsgebieten an der Grenze zwischen der Demokratischen Republik Kongo, Uganda und Ruanda zu finden.

Gorillas sind vorwiegend Pflanzenfresser. Ihre Nahrung wechselt mit den Jahreszeiten; sie fressen Blüten, Blätter, Früchte sowie auch weniger nahrhafte Rinde und Stauden. Gelegentlich vertilgen Westliche Gorillas auch tierische Kost, vor allem Ameisen, Termiten, Raupen und Käferlarven. Östliche Gorillas ernähren sich strenger vegetarisch als ihre westlichen Artgenossen. Auf ihrem Speiseplan stehen unter anderem Schösslinge, Knospen, Kletterpflanzen, Stängel und Knollen.

Ein Gorillaverband besteht gemeinhin aus einem geschlechtsreifen, dominanten Silberrücken und drei bis fünf Weibchen samt Nachwuchs. Herangewachsene Junge verlassen in der Regel ihre Geburtsgruppe und schließen sich zu neuen Gruppen zusammen.

Unten: *Berggorillas haben ein längeres Fell als andere Gorillas. Das ist bei dem jungen Berggorilla (unten links) im Vergleich zu dem jungen Flachlandgorilla (unten rechts) gut zu erkennen.*

Gegenüber: *Bei diesem Gorillamännchen sind erste graue Haare zu sehen. Ein echter Silberrücken wird er jedoch erst mit ungefähr zwölf Jahren sein, wenn sein Rückenfell langsam silbergrau wird.*

Schimpansen

Es gibt zwei Schimpansenarten: den allgemein bekannten Schimpansen (*Pan troglodytes*) und den eher unbekannten Bonobo oder Zwergschimpansen (*Pan paniscus*). Schimpansen leben in West- und Zentralafrika, vom Senegal über Nigeria bis in die Demokratische Republik Kongo, nach Angola und Sambia. Die Verbreitung von Bonobos beschränkt sich auf ein kleines Gebiet in der Demokratischen Republik Kongo, südlich des Kongoflusses und seines Zuflusses Lualaba.

Die Kopf-Rumpf-Länge von Schimpansenmännchen beträgt durchschnittlich 80 cm, die Größe 1,10 m und das Gewicht 45 bis 55 kg. Die Weibchen sind rund 10 kg leichter. Das Schimpansenfell ist schwarz, bei älteren Tieren ergraut der Rücken. An der Farbe der Gesichtshaut sind Jungtiere sofort zu erkennen – bei ihnen ist sie rosafarben oder hellbraun, wohingegen sie mit zunehmendem Alter dunkler wird.

Trotz der Bezeichnung „Zwergschimpanse" ist der Bonobo annähernd so groß wie ein Schimpanse, jedoch leichter gebaut. Er wiegt durchschnittlich 5 bis 10 kg weniger als ein Schimpanse derselben Größe. Auch hat er längere Gliedmaßen, einen schmaleren Brustkorb, einen in der Mitte gescheitelten Haarschopf und bereits in frühem Alter eine dunkle Gesichtshaut.

***Oben:** Bonobos suchen oft am Boden nach Nahrung. Sie ernähren sich vorwiegend von Pflanzen, fangen aber auch Insekten und andere Kleintiere. In der Regel bilden sie kleinere Gruppen als Schimpansen, in denen gewöhnlich die Weibchen anstatt der Männchen die Führung übernehmen.*

***Rechts:** Schimpansenjunge werden mit rund vier Jahren abgestillt, bleiben aber ein bis zwei weitere Jahre in der Nähe ihrer Mutter und kommen im Alter von acht bis zehn Jahren in die Pubertät. In freier Wildbahn können sie rund 40 Jahre alt werden.*

***Gegenüber:** Schimpansen haben relativ große Ohren, die ebenso wie das Gesicht unbehaart sind. Die Gesichtshaut ist bei jedem Tier anders gemustert und gefärbt.*

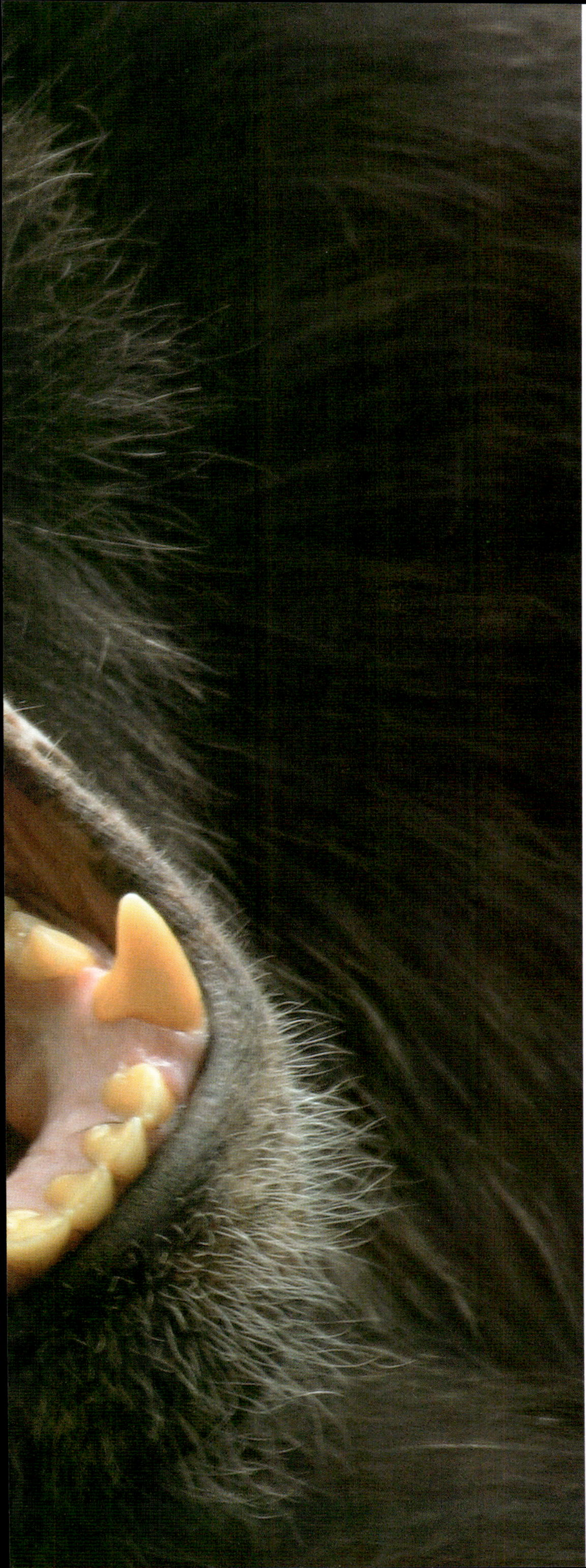

Nahrung und Gruppenleben bei Schimpansen
Schimpansen sind in verschiedenen Lebensräumen beheimatet; sie bewohnen sowohl dichte Tropenwälder als auch Buschsavannen. Neben den Menschen sind sie die einzigen Primaten, die fast alles fressen. Ihre Nahrung ändert sich mit den Jahreszeiten und reicht von Schösslingen und Früchten bis zu Termiten, Honig, Pflanzenzwiebeln und Baumrinde. Schimpansen veranstalten lärmende Jagdexpeditionen, bei denen sie überlegt und organisiert andere Tiere, darunter kleine Affen, wilde Schweine und Buschböcke, töten. Selbst ein Schimpanse aus einer benachbarten Horde, der in ihr Territorium eingedrungen ist, kann ihnen zum Opfer fallen.

Die Gemeinschaft der Schimpansen gestaltet sich komplex und vielfältig. Im Allgemeinen dominiert ein Bündnis verwandter Männchen und verteidigt große Territorien gegen andere; diese Tiere bilden auch die Jagdtrupps. Die Weibchen mit ihren Jungen kommen und gehen. Sie schließen sich vorübergehend zu zweit oder zu dritt zusammen, bevor sie wieder weiterziehen.

Bonobos leben im Vergleich zu Schimpansen beständiger und friedvoller. Ihre sozialen Gruppen wechseln seltener, und es kommt weniger oft zu feindlichen Auseinandersetzungen. Zwar fressen sie tierische Nahrung, gehen aber nicht gemeinsam auf große Jagd. Bonobos sind für ihre stark ausgeprägte Sexualität bekannt. Unabhängig von Alter oder Geschlecht kommt es bei ihnen immer wieder zu simulierten oder tatsächlichen Sexualkontakten. Sie dienen in der Regel zur Stärkung freundschaftlicher Beziehungen und etablieren zudem eine Rangordnung (siehe Seite 70).

Links: *Ein erwachsener Schimpanse entblößt seine Zähne, um zu drohen oder seine Wut auszudrücken. Die vier Eckzähne neben den kleinen Schneidezähnen sind lang und scharf. Sie können Rivalen schwere Verletzungen zufügen oder gemeinsam erlegte Beute zerreißen. Die Backenzähne oder Molaren dienen zum Zermahlen von Blättern, Früchten, Samen und anderen zähen Pflanzenteilen.*

Pfade der Evolution

Früher wurden Schimpansen und Gorillas in einer Gruppe zusammengefasst, wohingegen die Menschen einer anderen, entfernteren Gruppe zugeordnet wurden. Inzwischen wissen wir, dass Menschen und Schimpansen eng miteinander verwandt sind. Zunächst wurde angenommen, dass sich das genetische Material der Schimpansen, deren DNA, mit unserem zu 98 bis 99 Prozent deckt. Diese Zahl wurde jedoch kürzlich auf annähernd 95 Prozent korrigiert. Trotzdem belegt die DNA-Analyse, dass von allen Tieren Schimpansen unsere nächsten Verwandten sind.

Hinweise sprechen dafür, dass die Stammlinien von Schimpansen und Bonobos vor zwei bis drei Millionen Jahren auseinanderliefen. Die Menschen spalteten sich vor sechs bis sieben Millionen Jahren vom Schimpansen-Bonobo-Zweig ab. Davor trennte sich die Gorillalinie von der Schimpansen-Menschen-Linie.

Noch weiter in der Vergangenheit stößt man auf den gemeinsamen Vorfahren aller Großen Menschenaffen. Von ihm zweigten sich vor 14 bis 15 Millionen Jahren der asiatische Orang-Utan und die afrikanischen Großen Menschenaffen ab. Der Urahn aller Menschenaffen lebte vor 17 bis 19 Millionen Jahren, bevor sich seine Linie in die Linie der Kleinen Menschenaffen oder Gibbons und in die der Großen Menschenaffen Orang-Utan, Gorilla, Schimpanse und Mensch aufteilte.

Oben: *Nach den beiden Schimpansen sind Gorillas unsere nächsten Verwandten. Sie gelten als intelligente Nutzer ihrer Umwelt.*

Links: *In vielen Belangen sind Gorillas und Schimpansen den Menschen sehr ähnlich. So sind vor allem Ähnlichkeiten in puncto Familienleben, Sozialbeziehungen sowie Fürsorge für ihren Nachwuchs zu beobachten.*

Gegenüber: *Nachdenklich, bewusst und emotional – Große Menschenaffen wie dieser Schimpanse teilen viele Fähigkeiten und den größten Teil des genetischen Materials mit uns. Analysen des menschlichen Erbguts sowie des Schimpansengenoms könnten zum Verständnis einiger menschlicher Krankheiten beitragen.*

Lemuren und ihre Vettern

AFFEN UND MENSCHENAFFEN bilden eine Hauptgruppe der Primaten und werden auch als Trockennasenaffen *(Haplorrhini)* bezeichnet. Die andere Hauptgruppe umfasst die Affen mit feuchtem Nasenspiegel *(Strepsirrhini)*. Die Feuchtnasenaffen werden in sieben Familien eingeteilt – vier Lemurenfamilien sowie die Loris, Pottos und Galagos oder Buschbabys. Die Stammlinien der feucht- und trockennasigen Primaten trennten sich wahrscheinlich schon vor mehr als 60 Millionen Jahren – also kurz nach dem Aussterben der Dinosaurier.

Lemuren

Lemuren sind ausschließlich auf der Insel Madagaskar im Indischen Ozean sowie auf einigen kleinen Inseln in der Region beheimatet. In der einzigartigen Fauna von Madagaskar übernehmen Lemuren die Rolle von dort nicht vorkommenden Affen, Buschbabys und anderen Primaten. Die verschiedenen Arten bewohnen unterschiedliche Lebensräume – vom dichten Wald bis zur offenen Buschlandschaft.

In der Regel haben Lemuren eine vorstehendere Schnauze als Affen oder Menschenaffen, ebenso lange Arme wie Beine, wobei die Beine auch länger sein können, und einen langen Schwanz, der jedoch kein Greifschwanz ist. Sie halten ihren Körper meist waagerechter als Affen und Menschenaffen, haben aber wie alle Primaten Greifhände und -füße mit Nägeln statt Krallen. Aus diesen und anderen Gründen gelten Lemuren als primitiver – das heißt dem Urahn aller Primaten ähnlicher – als Affen und Menschenaffen.

Die Fellgrundfärbung der meisten Lemuren ist braun, grau oder rötlich. Einige sind jedoch besonders am Kopf und Schwanz kontrastreich gemustert, wie beispielsweise der Katta mit seinem schwarzweißen Gesicht und schwarzweiß geringelten Schwanz. Seltsamerweise sind einige Unterarten der Lemuren unterschiedlich gefärbt und gemustert. Varis sind dafür ein gutes Beispiel. Der Schwarzweiße Vari ist schwarzweiß gefärbt, wobei sich die Tiere in ihrer Zeichnung individuell unterscheiden.

Vorangegangene Seiten: Der Katta (links) zeigt typische Lemurenmerkmale wie eine vorspringende Schnauze und ein stark gemustertes Fell. Das Fell an Kopf und Hals dieses Vari (rechts) erinnert an eine altmodische Halskrause.

Oben: Mit seinen langen und muskulösen Gliedmaßen macht der Sifaka gewaltige Sprünge von Baum zu Baum. Seine kräftigen Finger und Zehen können auch die dicksten Äste sicher fassen.

Gegenüber: Kattas sind wagemutig, neugierig und immer wachsam. Im Alter von zwei Monaten beginnen Lemuren, feste Nahrung zu sich zu nehmen. Mit fünf Monaten werden sie abgestillt.

Der Rote Vari ist vorwiegend rostrot oder hell kastanienbraun gefärbt, mit einem schwarzen Haarbüschel auf dem Kopf und weißem Haar nur im Nacken. Solche Farbvariationen machen es schwierig, einige Lemurenarten zu identifizieren.

Geister und Gespenster

Die Bezeichnung „Lemur" kommt aus dem Lateinischen und bedeutet so viel wie „Geist". Viele kleinere Arten sind in der Tat nachtaktiv, haben große Augen und sehen gespenstisch aus. Ähnlich wie bei Katzen haben die Augen von Lemuren eine reflektierende Schicht namens Tapetum lucidum. Sie verbessert die Nachtsicht und verleiht den Augen das typische Katzenleuchten.

Es gibt rund 85 Lemurenarten. Die kleinste Art ist der Zwerg-Mausmaki, der mit nur 30 g Gewicht auch der kleinste Primat überhaupt ist. Kopf und Körper sind kaum länger als ein Daumen. Einer der größten Lemuren ist der Indri mit einer Kopf-Rumpf-Länge von 60 cm, einem Gewicht von 5 bis 6 kg und einem ungewöhnlich kurzen Schwanz.

Die Lemurenfamilien werden wie folgt eingeteilt:

- Maus- und Katzenmakis
- Echte Lemuren, wie der Katta
- Wieselmakis
- Indris, Wollmakis, Sifakas und ihre Verwandten

Die kleineren Lemuren, vor allem Maus- und Katzenmakis, sind Allesfresser. Sie fressen Blüten, Früchte, Knospen, Blätter sowie andere Pflanzenteile, aber auch Käferlarven, Insekten, Würmer oder ähnliche Kleintiere. Größere Arten sind eher Pflanzenfresser und auf Blätter, Blüten und Früchte spezialisiert. Viele dieser Lemuren sind tagaktiv.

Viele Lemuren leben in Familiengruppen, die aus einem Männchen, einem Weibchen und ihren Kindern bestehen. Nur wenige, wie das eigenartige Aye-Aye oder Fingertier, sind vorwiegend Einzelgänger. In größeren Gruppen übernehmen ein oder mehrere ältere Weibchen die Führung.

Das Aye-Aye oder Fingertier

Einer der sonderbarsten Primaten ist das Aye-Aye oder Fingertier (*Daubentonia madagascariensis*). Es ist schlank und hat ein struppiges, überwiegend dunkelbraunes Fell mit weißen oder silbrigen Spitzen, das im Gesicht und an der Bauchseite heller gefärbt ist. Das Aye-Aye ist mit einer Kopf-Rumpf-Länge von 40 cm, einem ebenso langen, buschigen Schwanz und einem Gewicht von 2 bis 3 kg der größte nachtaktive Primat. Seine Schneidezähne wachsen ständig nach – ein Merkmal, das wohl bei Ratten und Mäusen, aber nicht bei anderen Primaten zu finden ist. Der Mittelfinger beider Hände ist stark verlängert und somit gut geeignet, um in Baumlöchern nach Larven zu bohren. Daher rührt auch der Name „Fingertier".

In Madagaskar übernimmt das Aye-Aye offenbar die Rolle eines „nachtaktiven Spechts" – Spechte gibt es auf der Insel nicht. Es schleicht in der Dunkelheit von Baum zu Baum und pult Larven und Insekten unter der Rinde hervor. Aye-Ayes fressen aber auch Früchte und Samen, nagen harte Nüsse auf und plündern Bienennester, um an den Honig zu gelangen.

Die vielen eigenartigen Merkmale des Fingertiers und sein einzigartiges Verhalten erschweren seine Klassifizierung. Es ist sicherlich ein Primat, passt aber so richtig in keine Gruppe. Gewöhnlich wird es daher in eine eigene Familie gestellt.

Gegenüber: *Der Indri ist für seine lauten Rufe bekannt. Die Dauer, wenige Sekunden bis mehrere Minuten, und die Form der Rufe sind bei den einzelnen Indrigruppen verschieden.*

Oben: *Die Färbung von Lemuren kann stark variieren – wie diese elegante Schwarzweißzeichnung im Vergleich zu der roten Variante auf Seite 41 zeigt.*

Unten: *Der Name Sifaka – hier ist der Goldkronen-Sifaka zu sehen – leitet sich von seinem Warnruf „Sifak" ab.*

Links: *Das Fingertier spürt mit seiner Nase Larven unter der Rinde auf und pult sie mit seinen schlanken Fingern heraus.*

Oben: Nur selten ist ein Galago bei Tageslicht aktiv und unterwegs. Dieses Tier hat sich vermutlich verlaufen und wartet unbeweglich auf den Anbruch der Dunkelheit, bevor es weiterzieht.

Gegenüber: Der Südliche Galago oder Moholi-Galago kann seine großen Ohren unabhängig voneinander wie Radarschirme drehen, um leiseste Geräusche, je nachdem die einer Beute oder eines Räubers, einzufangen. Neben ihrem feinen Gehör verfügen die großäugigen Galagos auch über eine ausgezeichnete Nachtsicht – schließlich sind sie fast nur nachts aktiv.

Galagos oder Buschbabys

Die afrikanischen Buschbabys oder Galagos sind nachtaktive Baumbewohner. Sie haben große Augen und Ohren, ein graues oder braunes Fell, bewegliche Arme, Greifhände und einen langen, buschigen Schwanz. Dank ihrer langen und kräftigen Beine verfügen die Tiere über ein außerordentliches Sprungvermögen. Die meisten Arten bevorzugen Wälder, einige leben jedoch auch in offenen Waldgebieten und Buschsavannen.

Den Namen „Buschbaby" verdanken die Galagos ihrem schaurigen Schreien, das durch den nächtlichen afrikanischen Busch tönt und an das Geschrei eines verzweifelten menschlichen Babys erinnert. Die meisten Galagos ernähren sich von Larven und Kleintieren, Früchten, Knospen und pflanzlichen Ausschwitzungen wie Baumsäften, Gummen und Harzen. Ihre Sinne sind hoch entwickelt: Aufgrund ihrer großen Augen sehen sie nachts ausgezeichnet, und mit ihren großen, bewegbaren Ohren können sie Geräusche zielgenau orten. So pirscht sich ein Galago vorsichtig an eine kleine Beute – einen Käfer oder eine Larve – heran, um dann blitzschnell mit seinen Händen zuzugreifen. Vorbeifliegende Motten werden aus der Luft gefangen. Die größeren Arten erbeuten auch kleine Eidechsen, Vogeleier, Nestlinge und baumlebende Nager.

Die meisten Galagos haben ein einfarbiges, graues bis braunes Fell, wobei die Unterseite heller gefärbt ist. Tagsüber schlafen sie in einer Baumhöhle, einem Blätternest oder an einem anderen geschützten Ort. Einige Arten haben ein recht komplexes Sozialleben. Je nach Jahreszeit, Nahrungsmenge, Fortpflanzungszyklus und anderen Faktoren bilden sie Schlafgemeinschaften und teilen ihr Nest mit anderen Tieren.

Es gibt rund 20 Galagoarten, von denen etwa zwei Drittel eng verwandt sind. Hierzu gehören beispielsweise der Buschwaldgalago (*Galago alleni*) und der Östliche Kielnagelgalago (*Galago matschiei*). Die drei Riesengalago-Arten werden in der zweiten Gattung Otolemur zusammengefasst. Die dritte Gattung bilden die Kielnagelgalagos (*Euoticus*).

Loris und Pottos

Es gibt zwei Arten der Plumploris und drei der Schlankloris. Sie alle sind in den tropischen Regenwäldern von Süd- und Südostasien beheimatet. Zur Lorifamilie zählen auch der Potto im tropischen Afrika, der Falsche Potto in Westafrika und zwei Arten der westafrikanischen Bärenmakis. Letztere werden wegen ihrer Färbung manchmal auch „Goldene Pottos" genannt.

Die Loris und Pottos sind nachtaktiv und vorwiegend verborgen lebende Baumbewohner. Die größten Vertreter dieser Gruppe sind so groß wie eine Hauskatze, die kleinsten kaum größer als eine Maus. Sie haben bräunliches Fell, ein schmales Gesicht, große Augen, einen länglichen Körper, einen kurzen Schwanz und schlanke, fast gleich lange Gliedmaßen. Mit ihren Händen und Füßen können sie sich mühelos lange Zeit an Ästen und Zweigen festhalten. Ihre Hand- und Fußgelenke sind überaus flexibel, und ihr Daumen ist beweglicher als der anderer Primaten. Loris und Pottos bewegen sich langsam und bedächtig. Sie können stundenlang regungslos verharren – vor allem tagsüber, um Beute aufzulauern oder um der Aufmerksamkeit der Räuber zu entgehen. Bärenmakis und Schlankloris fressen bevorzugt Insekten und Larven, lauern aber auch anderen Kleintieren auf, die sie aus dem Hinterhalt mit blitzartiger Bewegung einfangen. Plumploris und Pottos ernähren sich vorwiegend von Früchten, Baumsäften oder Gummen, vertilgen aber auch Ameisen und Termiten. Loris und Pottos sind Einzelgänger, die fast immer allein fressen und schlafen. Sind zwei Tiere zusammen, so handelt es sich in der Regel um ein Pärchen zur Fortpflanzungszeit oder um eine Mutter mit ihrem Nachwuchs – die meisten Arten bringen nur ein Jungtier pro Wurf zur Welt.

***Gegenüber:** Plumploris rollen sich tagsüber in einer Baumhöhle oder einer Astgabel ein und werden erst mit der Dämmerung aktiv.*

***Unten:** Auf Nahrungssuche streifen Plumploris nachts durch das Blattwerk – sie ernähren sich von Insekten und kleinen Wirbeltieren.*

Koboldmakis

Zoologen waren sich lange Zeit nicht sicher, ob Koboldmakis (*Tarsius*) enger mit Affen und Menschenaffen oder mit Lemuren, Loris und Galagos verwandt sind. Trotz ihres Aussehens sprechen Studien dafür, dass sie zu den Affen und Menschenaffen gehören.

Die acht Koboldmakiarten sind ausschließlich in den Wäldern Südostasiens beheimatet. Die Tiere wiegen nur 100 bis 150 g und sind so klein, dass sie es sich auf einer menschlichen Hand gemütlich machen könnten. Auffällig sind die riesigen Augen in ihrem verhältnismäßig kleinen Gesicht. Von allen Primaten haben sie die größten Augen, und ein Augapfel ist größer als ihr Gehirn. Weitere Merkmale sind ihre langen Gliedmaßen, ihre verlängerten Fußwurzeln, die ihnen ein ausgezeichnetes Sprungvermögen verleihen, sowie ihr langer und unbehaarter Schwanz.

Koboldmakis sind nachtaktive Baumbewohner. Sunda-Koboldmakis sind meist Einzelgänger, wohingegen andere Arten in gemischten Gruppen zusammenleben. Koboldmakis sind die einzigen Primaten, die sich ausschließlich von tierischer Nahrung, wie Insekten, kleinen Vögeln oder Schlangen, ernähren.

Gegenüber und oben: *Der Koboldmaki kann seine riesigen Augen nicht bewegen, sondern muss den ganzen Kopf drehen, um sich umzuschauen. Koboldmakis haben kräftige, empfindsame Finger, mit denen sie nach Zweigen und Beutetieren greifen.*

Links: *Im Verhältnis zu seiner Körpergröße hat der Sulawesi-Koboldmaki die größten Augen aller Säugetiere. Das kleine Tier lebt in Indonesien.*

VERHALTEN

Lemuren, Affen und Menschenaffen gelten in der Regel als die Tiere mit dem komplexesten und differenziertesten Verhalten. Sie haben ein ausgezeichnetes Gedächtnis, lernen aus Erfahrung und passen sich neuen Verhältnissen und Situationen an. In allen Lebensbereichen kommunizieren sie ausgiebig miteinander – vor allem rund um die Nahrungssuche, den Gruppenzusammenhalt und die Fortpflanzung. Wir Menschen halten aber auch gerade diese Tiere für „schlau" und „intelligent", weil wir in ihnen viele unserer eigenen Verhaltensweisen wiederfinden.

Nahrung und Nahrungssuche

VIELE KLEINERE Primatenarten ernähren sich vorwiegend von Insekten und Larven. Man könnte sie als Insektenfresser bezeichnen, obwohl sie nicht nur Insekten fressen, sondern auch Würmer, Spinnen, Tausendfüßer und ähnliche Wirbellose. Andere Arten wiederum sind Allesfresser und ernähren sich sowohl von Pflanzenmaterial, wie Baumsäften und Früchten, als auch von kleiner tierischer Beute.

Im Gegensatz dazu sind größere Affen und fast alle Menschenaffen vorwiegend Vegetarier. Je nach Jahreszeit und Standort verzehren sie ganz unterschiedliches Pflanzenmaterial wie Blüten, Beeren, Baumsäfte, Rinde, Schösslinge, Nüsse und Knollen. Charakteristisch für Primaten ist ihre hohe Anpassungsfähigkeit – in schwierigen Zeiten begnügen sich viele Arten mit der Nahrung, die gerade vorhanden ist.

Wie nur wenige andere Tiere – Hörnchen, Ratten und Waschbären – sammeln und manipulieren Primaten ihr Futter mit den Händen. Mit ihren frei beweglichen Fingern greifen und zerteilen sie mühelos weichere Nahrungsstücke, die sie dann mit ihren Zähnen in kleinere Brocken zerkauen. Bei der Nahrungssuche spielt das Sehvermögen ebenfalls eine wichtige Rolle. Affen und Menschenaffen benutzen besonders ihre ausgeprägte Farbwahrnehmung, um reife Früchte von unreifen zu unterscheiden.

Gummen, Früchte und Insekten

Bei den nachtaktiven Galagos oder Buschbabys unterscheiden sich die Arten sehr in ihrer Ernährung. Die Südlichen Kielnagelgalagos in der Kamerun-Kongo-Region ernähren sich hauptsächlich von Pflanzenmaterial – vorwiegend von Gummen (erhärtete pflanzliche Säfte) und verschiedenen Baumsäften. Da diese Säfte besonders zuckerhaltig und somit wahre Energiespender sind, stehen sie auf dem Speiseplan vieler kleinerer Primaten. Bei vielen Primaten weisen die langen Schneidezähne im Unterkiefer nach vorn, wie die Zinken einer Harke. Dieser „Zahnkamm" dient einerseits zur Fellpflege, andererseits auch zum Anritzen von Rinde. Die austretenden Gummen und Baumsäfte werden dann mit der rauen Zunge aufgeleckt.

Vorangegangene Seiten: *Orang-Utans (links) untersuchen Früchte wie diese Mango sorgfältig auf ihre Reife. Ein Totenkopfäffchen (rechts) wird von reifen Beeren angelockt.*

Oben: *Trotz ihres Namens bewegen sich Plumploris überraschend gewandt, wenn es darum geht, einen Käfer zu fangen.*

Gegenüber: *Typisch für Primaten ist, dass sie ihre Nahrung mit der Hand manipulieren können, wie hier der Katta.*

Der Südliche Kielnagelgalago ernährt sich auch von Insekten, anderen ähnlichen Kleintieren und sogar von Mäusen und Vögeln. Früchte nimmt er nur gelegentlich zu sich. Der in derselben Region beheimatete Buschwaldgalago frisst überwiegend Früchte, manchmal Kleintiere, aber nur selten Gummen oder Baumsäfte. So vermeiden die beiden Galagoarten eine intensive Nahrungskonkurrenz. Die meisten Galagos fangen die Kleintiere mit ihren Händen von Blättern, Zweigen und aus der Luft oder schnappen Fluginsekten direkt mit dem Maul. Viele erwischen ihre Beute sogar im Sprung.

Langsam geht's auch

Der Plumplori ernährt sich zur Hälfte von Früchten, aber auch zu einem großen Teil von Kleintieren. Darüber hinaus nutzt er weitere Nahrungsquellen, von zarten Schösslingen und Knospen bis zu Vogeleiern. Schlankloris verzehren ebenfalls pflanzliche und tierische Nahrung: Auf ihrem Speiseplan stehen Insekten und Larven, aber auch Blätter, Blüten und Triebe sowie gelegentlich kleine Eidechsen, Frösche und Nager.

Bei den Lemuren bevorzugen Mausmakis tierische Beute, von Käfern und anderen Insekten bis zu Chamäleons, Fröschen und Vogeleiern. Die Hauptnahrungsquelle des Bambuslemurs ist Bambus wie bei dem Großen Panda. Der Mongozmaki liebt den Nektar des Kapokbaums, während der Braune Maki Spinnen, Käfer, Hundert- und Tausendfüßer bevorzugt.

Keine Pflanzen auf der Speisekarte

Wie bereits erwähnt, sind Koboldmakis trotz ihres zierlichen, großäugigen und unschuldigen Aussehens leidenschaftliche nächtliche Jäger und die größten Fleischfresser unter den Primaten. Sunda-Koboldmakis wurden beobachtet, wie sie Käfer, Ameisen, Heuschrecken, Grillen, Schaben, Zikaden, Raupen, Nachtfalter, Gottesanbeterinnen, Spinnen, Tausendfüßer, kleine Vögel wie Pittas samt Eiern und Nestlingen, kleine Frösche, Eidechsen und selbst giftige junge Schlangen erbeutet haben …

Ernährung der Affen

Die meisten Affen passen ihr Nahrungsverhalten wie selbstverständlich den äußeren Gegebenheiten an. Je nach Jahreszeit und regionalem Vorkommen stehen bei vielen Arten sowohl Pflanzen als auch Tiere auf der Speisekarte. Da sie in der Regel in Gruppen zusammenleben, ist die Nahrungssuche oft eine gesellige Angelegenheit. Sobald ein Affe eine ergiebige Nahrungsquelle entdeckt hat, eilen die anderen bald herbei und versuchen, sich ihren Teil zu sichern. Ob sie damit Erfolg haben, hängt weitgehend von ihrem Platz in der Gruppe ab. Ein ranghohes Mitglied kann seinen Fund vor jüngeren Hordengenossen verteidigen, wohingegen ein niederrangiges Tier damit rechnen muss, dass die von ihm entdeckte Nahrungsquelle rasch von höherrangigen Artgenossen besetzt wird.

Bei einigen Marmosetten besteht die Nahrung zur Hälfte, beim Zwergseidenäffchen bis zu zwei Dritteln aus Baumsäften, Gummen und anderen pflanzlichen Ausschwitzungen. Tamarine bevorzugen Früchte, ergänzt durch kleine tierische Beute. Früchte- und samenfressende Primaten spielen eine wichtige Rolle bei dem Erhalt der Ökologie ihrer Wälder. Die widerstandsfähigen Samen passieren den Darmkanal der Tiere und gelangen mit ihrem Kot wieder auf den Boden, wo sie keimen.

Räuberische Instinkte

Einige Affen finden an größeren Fleischstücken Geschmack. In der Neuen Welt verzehren Weißschulterkapuziner gelegentlich junge Hörnchen, während Weißstirnkapuziner ab und zu Fledermäuse fressen. In Südostasien sind Krabben bei Javaneraffen zwar eine beliebte Speise, doch Pflanzen und vor allem Früchte machen über die Hälfte ihrer Nahrung aus.

Paviane sind große, kräftige Altweltaffen, die zum Teil größere Beutetiere, wie Hasen, junge Buschschweine und sogar kleine Gazellen, fangen. In Südafrika ernähren sich an der Küste lebende Bärenpaviane oder Tschakmas von Meerestieren wie Muscheln, Napfschnecken und Krabben. Der Magen der Stummelaffen besteht aus mehreren Kammern mit speziellen Bakterien, die der Aufspaltung ihrer sonst weitgehend unverdaulichen Blätternahrung dienen.

***Unten links:** Marmosetten gehen vorwiegend in der Morgen- und Abenddämmerung auf Nahrungssuche.*

***Unten:** Bei Ebbe wühlen Javaneraffen zwischen Mangrovenwurzeln nach Krabben, Garnelen und anderen Meerestieren.*

***Gegenüber:** Die Diademmeerkatze kaut lange auf ihrer Blätternahrung herum, um deren begrenzten Nährstoffvorrat freizusetzen.*

Oben: Jahrelang beobachten junge Orang-Utans ihre Mutter beim Fressen. So lernen sie nach und nach, die besten Früchte an Geruch und Aussehen zu erkennen, und prägen sich die Standorte der Fruchtbäume in ihrem Urwald ein.

Gegenüber: Gorillas verbringen viel Zeit damit, an möglichen Futterpflanzen zu riechen und sie zu berühren, um sich die saftigsten und schmackhaftesten Teile auszusuchen.

Wählerische Esser

Zu den größeren Affen mit einer speziellen Ernährung gehören die seltenen Blutbrustpaviane oder Dscheladas, die in den Steppen der äthiopischen Hochebene zuhause sind. Die Paviane ernähren sich fast ausschließlich von Gras, das sie mit ihren geschickten Fingern ausreißen, während sie sich langsam über den Boden bewegen. Die südostasiatischen Nasenaffen leben in küstennahen Mangrovensümpfen und fressen meist noch unreife Mangrovenblätter, -samen und -früchte. Da diese Nahrung arm an Nährstoffen ist, benötigen die Tiere ausgiebige Mengen davon. Nach einer ausgedehnten Mahlzeit kann ihr Mageninhalt rund die Hälfte ihres Gesamtgewichts ausmachen.

Bei Menschenaffen zu Tisch

Die meisten Gibbons ernähren sich etwa zur Hälfte von Früchten; dazu kommen Blätter und Schösslinge sowie tierische Beute. Eine Ausnahme ist der Schopfgibbon, da er Blätter und Schösslinge von mehr als 50 Pflanzenarten, darunter auch Bambus, bevorzugt.

Orang-Utans lieben große, saftige Früchte – vor allem Durianfrüchte, deren Geruch die meisten Menschen abstoßend finden. Wie andere Affen und Menschenaffen nutzen auch sie verschiedene Hinweise, um Nahrung aufzuspüren. Dazu gehören die starken Düfte und Färbungen von Blüten und reifen Früchten, aber auch das Verhalten von Affen und Vögeln, wenn sie eine Nahrungsquelle aufsuchen, sowie deren oft laute Fressgeräusche.

Flachlandgorillas fressen ebenfalls begeistert Früchte, aber auch Blätter, Pflanzenmark sowie weiche Rinde – und dazu einen fast täglichen Termitensnack. Berggorillas ernähren sich vorwiegend von Blättern, Knospen, Schösslingen und Stängeln; der Anteil an Früchten und tierischer Nahrung ist gering. Gorillas nehmen Nahrung in aller Ruhe zu sich und können bis zu 14 Stunden mit der Futtersuche verbringen.

Geschickte Nahrungssuche

Schimpansen sind vorwiegend Pflanzenfresser – Blätter, Früchte, Blüten und Samen machen 90 Prozent ihrer Nahrung aus. Nichtsdestotrotz sind sie dafür bekannt, dass ihnen so ziemlich alles schmeckt. Außerdem setzen Schimpansen Werkzeuge ein, um an Nahrung zu gelangen. So „angeln" sie mit langen dünnen Zweigen nach Ameisen oder Termiten. Die Schimpansen stecken die „Angel" zunächst in eine Nestöffnung, woraufhin sich die Insekten an ihr festbeißen. Dann ziehen sie den Stock rasch wieder heraus und lutschen die Tiere schnell ab. Hartschaliges Futter wird mit einem dicken Stein als Hammer und einem flachen Stein oder einer Baumwurzel als Amboss geknackt.

In einer relativ neuen Studie sind Schimpansen dabei beobachtet worden, wie sie mit Stöcken kleine, in Baumhöhlen versteckte Tiere, wie Hörnchen, aufspießten. Räuberische Schimpansentrupps veranstalten auch lärmende Jagden auf Beutetiere.

Oben links: *Wenn der Schimpanse einen Stein als Hammer zum Nüsseknacken auswählt, testet er verschiedene Steine auf das richtige Gewicht. Als Amboss dienen in der Regel flache Felsen oder harte Baumwurzeln – geeignete Stellen sind sehr begehrt. Schimpansen benutzen seit mindestens 4500 Jahren Steinwerkzeuge.*

Oben rechts: *Ein Schimpanse franst das obere Ende eines Asts aus.*

Gegenüber: *Schimpansen sind Allesfresser, ernähren sich jedoch vorwiegend von Blättern, Früchten und anderen Pflanzenteilen. Ergänzt wird dieser Speiseplan durch Insekten und kleine Wirbeltiere.*

Sozialverhalten

LEMUREN, AFFEN und in Gruppen lebende Menschenaffen leben ganz unterschiedlich zusammen. Die Gruppengröße schwankt zwischen ein paar wenigen und, wie bei einigen Kapuzineraffen, mehr als 200 Tieren. Bei einigen Arten übernehmen Weibchen die Führungsrolle, wohingegen bei anderen die Männchen dominant sind. Gewöhnlich gibt es in jeder Gruppe eine Rangordnung, in der sich dominante Tiere zuallererst Futter, Schlafplatz und Geschlechtspartner aussuchen. Einige Hordenmitglieder bilden wie „beste Freunde" nutzbringende Verbindungen, andere scheinen ständig miteinander im Streit zu liegen.

All diese Beziehungen sind nicht fest, sondern ändern sich mit der Zeit, da neue Hordenmitglieder geboren werden oder von außen hinzukommen, andere wiederum sterben oder abwandern.

Kommunikation

Affen und Menschenaffen kommunizieren auf vielerlei Art und Weise miteinander. Sie verständigen sich mit Gesichtsausdrücken und Körperhaltungen, kennen Dutzende von Lauten und scheiden durch Körperdrüsen verschiedene Duftstoffe aus. Auf diese Weisen äußern sie ihre Befindlichkeiten und Absichten, so wie Hunger, Freundlichkeit, Aggression oder Angst. Wir sollten jedoch vermeiden, zu viel von uns auf sie zu übertragen. So haben wir etwa bei einem Schimpansen, der seine Lippen zurückzieht und dadurch seine langen Eckzähne entblößt, den Eindruck, als grinse er uns breit an. Tatsächlich drückt er aber wahrscheinlich Besorgnis oder sogar Furcht aus.

Körperlicher Kontakt ist für Primaten ebenfalls sehr wichtig: Ganz ähnlich wie wir Menschen drücken und umarmen sie sich, stupsen und rempeln sich an oder klopfen sich auf die Schulter. Vor allem spielt die gegenseitige Fellpflege (Grooming) bei fast allen Affen und Menschenaffen eine große Rolle für den Gruppenzusammenhalt. Wenn sie mit ihren Fingern oder Zähnen durch das Fell eines Gruppenmitglieds fahren, geschieht dies unter anderem auch, um Bindungen zu stärken oder um Dominanzen in der Gruppe zu zeigen.

Frauen an die Spitze

Kattas leben in relativ stabilen, gemischten, von Weibchen dominierten Gruppen von bis zu 20 oder auch mehr Tieren. Innerhalb der Gruppe haben Weibchen und Männchen getrennte Rangordnungen. Der Rang wird durch Zähneblecken, plötzliches Zuschlagen, Ohrfeigen, Kratzen und Beißen ausgefochten. Darüber hinaus schmieren die Tiere ein stark riechendes Drüsensekret auf ihren buschigen Schwanz, mit dem sie dann ihren Rivalen im Gesicht wedeln. Bei diesen Kämpfen besiegen die Weibchen stets die Männchen.

Bei den Kattas übernehmen in der Regel mehrere Weibchen einer Verwandtschaftslinie die Führung, wobei ein älteres Weibchen die Chefin der ganzen Gruppe ist und sich mit einer Reihe von Schwestern und Töchtern umgibt. In der Gruppe gibt es je nachdem weitere weibliche Linien, doch das Verhältnis zwischen ihnen ist weniger freundlich. Weibchen verlassen ihre Geburtsgruppe gewöhnlich nicht, während Männchen aus anderen Gruppen hinzukommen. Pro Gruppe gibt es meist zwei oder drei dominante Männchen. Die anderen Männchen bleiben eher am Rand der Gruppe – nicht nur im Hinblick auf soziale Interaktionen, sondern auch auf Wanderungen, bei der Nahrungssuche und bei der Rast.

Alpha-Männchen

Sogar eng verwandte Neuweltaffenarten haben viele verschiedene soziale Systeme. Mönchsaffen und Weißgesicht-Sakis leben in der Regel in Familiengruppen mit einem Zuchtpaar und deren Jungen, wohingegen Satansaffen größere Horden mit vielen Männchen und Weibchen bilden. Weißstirnkapuziner streifen in gemischten Gruppen mit ebenso vielen Männchen wie Weibchen umher, wobei ein männliches Tier, das Alpha-Männchen, dominant ist. Es übernimmt die Führung bei der Suche nach Nahrung und Unterschlupf, bei territorialen Streitigkeiten oder bei der Verteidigung seiner Gruppe gegen Raubfeinde. Sobald ein Raubvogel zu sehen ist, stößt das Alpha-Männchen laute, scharfe, warnende Pfiffe aus, zieht so die Aufmerksamkeit auf sich und verschafft den anderen Zeit zu fliehen.

Vorangegangene Seiten: *Japanmakaken (links) baden im Winter gemeinsam in einer heißen Quelle, wobei befreundete Tiere eng zusammen bleiben. In der nepalesischen Himalajaregion nutzen Makaken (rechts) das morgendliche Sonnenbad für soziale Kontakte.*

__Rechts:__ Das Alpha-Männchen einer Gruppe Weißstirnkapuziner hat viel zu tun, seine Führungsrolle gegenüber anderen Männchen der Gruppe sowie Eindringlingen zu behaupten.

__Unten:__ In der Gesellschaft der Kattas haben die Weibchen das Sagen. Männchen sind untergeordnet – sogar bei der Nahrung haben die Weibchen den ersten Zugriff. Die Männchen sind in der Gruppe, die sie alle drei bis vier Jahre wechseln, nicht integriert.

Das Familienleben der Gorillas

Normalerweise führt ein großes geschlechtsreifes Männchen, der Silberrücken, eine Gorillagruppe an. In rund einem Drittel aller Berggorillagruppen haben jedoch zwei Silberrücken, die sich verbünden, das Sagen – vorausgesetzt es gibt genügend Futter und andere Ressourcen. Rund die Hälfte aller Weibchen verlässt ihre Geburtsgruppe mit etwa acht Jahren, und die meisten Männchen wandern mit elf Jahren ab. Die Männchen leben dann allein oder bilden mit anderen jungen Männchen Junggesellentrupps, bis sie groß und kräftig genug sind, um selbst Weibchen anzulocken oder den Silberrücken herauszufordern.

Unter den Weibchen gibt es so gut wie keine Rangordnung. Viel Zeit der Mittagsruhe verbringen die Tiere damit, sich auszuruhen, sich gegenseitig das Fell zu pflegen oder mit den Jungtieren zu spielen.

Oben: *Das geschlechtsreife Männchen, der Silberrücken, wacht über seine Weibchen und beschützt sie vor fremden Männchen, die für ihren Harem noch neue Weibchen suchen, oder zu nahe kommenden großen Raubkatzen, wie Leoparden.*

Links: *Im Kontakt zu anderen Gruppenmitgliedern lernen junge Gorillas die Körpersprache und Verhaltensmuster kennen, die in der Gruppe Dominanz oder Unterwürfigkeit ausdrücken.*

Bruderschaften

Wie die Gorillas leben auch die Schimpansen in männerdominierten Gemeinschaften, die rund 20 bis 100 Mitglieder umfassen. Die Führung einer Gemeinschaft wird von einer sogenannten Bruderschaft, eine kleine Gruppe verwandter Männchen, wie Väter, Söhne und Brüder, übernommen. Diese Männchen verbringen die meiste Zeit zusammen, überwachen die Grenzen ihres Territoriums, bilden Jagdtrupps oder attackieren Nachbarhorden. Wenn sie auf Jagd gehen, arbeiten die Männchen überlegt und organisiert zusammen, um das Opfer in einen Hinterhalt zu treiben, wo sie es fangen und mit anderen bevorzugten Hordenmitgliedern das blutige Mahl teilen und verzehren. Sie jagen jedoch weniger aus Gründen der Nahrungsbeschaffung, sondern um die Bindung und Dominanz der Bruderschaft zu stärken und um „Geschenke" an untergeordnete Gruppenmitglieder zu verteilen.

Untergeordnete Männchen, Weibchen und ihre Jungen schließen sich der Schimpansengemeinschaft nicht so fest an. Zwei oder drei Weibchen können kurzfristige Verbindungen bilden, doch diese Beziehungen sind nicht stetig. Einzelne Tiere und kleine Untergruppen gesellen sich öfter zu der Hauptgruppe und wandern später wieder ab – diese Sozialstruktur wird als „Fission-Fusion-Organisation" („Trennen und Zusammengehen") bezeichnet.

Schimpansen kommunizieren mit Gesichtsausdrücken und Grimassen, Körperhaltungen und mehr als 40 Lauten und Rufen. Der häufigste Laut ist der „Pant-hoot" genannte Ruf, ein anschwellendes „wuu-huu-huu", der der Kontaktaufnahme dient.

Sex und Gesellschaft

Bonobos sind in der Regel ausgeglichener als Schimpansen. Sie bilden große Gruppen von bis zu 200 Tieren, die sich bei der Nahrungssuche in kleinere Gruppen aufteilen. Zur ausgiebigsten Fellpflege und Kommunikation kommt es zwischen zwei Weibchen, den geringsten Kontakt pflegen zwei Männchen untereinander. Zu aggressiven Begegnungen kommt es selbst bei benachbarten Gruppen selten.

Auffallend bei Bonobos sind ihre häufigen sexuellen Aktivitäten. Und keiner bleibt außen vor: Junge und alte Tiere sowie getrennt- oder gleichgeschlechtliche Partner paaren sich. Oft dient Sex dazu, Spannungen nach einem Streit abzubauen, wie nach einer Zankerei um Futter. Aber auch bei beiläufigen Begegnungen kann Sex so etwas wie „Hallo" bedeuten. Sex festigt aber auch Freundschaften, beschließt Bündnisse oder wird als Tausch für Nahrung eingesetzt.

Oben: *In vollen Zügen genießen Bonobos körperlichen Kontakt – auch beiläufig kommt es häufig zu sexuellen Aktivitäten.*

Gegenüber: *Dieser Schimpanse entblößt seine Zähne als Warnung, dass er jederzeit bereit ist, sie gegen Feinde und Rivalen einzusetzen.*

Werbung und Fortpflanzung

DAS FORTPFLANZUNGSVERHALTEN von Affen und Menschenaffen ist sehr unterschiedlich. Das Spektrum reicht von alleinerziehenden Orang-Utan-Müttern bis zu Großfamilien kleinerer südamerikanischer Affenarten mit einem Hauptzuchtpaar und anderen, bei der Aufzucht behilflichen Mitgliedern.

Bei der Fortpflanzung zeichnen sich Primaten in drei Punkten aus. Zunächst ist ihre Trächtigkeitsdauer im Vergleich zu den meisten Säugetieren gleicher Größe relativ lang. Bei einem Rhesusaffen beträgt sie 160 bis 165 Tage, bei einem Feldhasen hingegen nur 42 Tage. Darüber hinaus gebären Primatenmütter in der Regel nur ein einziges Junges, statt viele Neugeborene zu werfen, wie es bei Säugetieren wie Nagern der Fall ist. Und drittens investieren die Eltern mehr Zeit in die Aufzucht ihrer Jungen als andere Säugetiere, mit Ausnahme der Elefanten.

Kampf um Männchen

Bei den Kattas erfolgt die Fortpflanzung polygyn, das heißt, ein Männchen paart sich mit mehreren Weibchen. Im Frühjahr heulen, kratzen und kämpfen die Weibchen um ein Männchen. Die Weibchen einer Gruppe werden alle fast zur gleichen Zeit, innerhalb von 10 bis 14 Tagen, gattungsbereit, so dass dies eine Zeit intensiver sexueller Aktivität ist. Die Jungen werden vier Monate später im August geboren. Die Mutter säugt, pflegt und versorgt ihr Junges, das sich zuerst an ihrem Bauchfell festklammert und später auf ihrem Rücken reitet. Nach fünf Monaten wird es unabhängig.

Die meisten Loris, Buschbabys und Koboldmakis sind in der Regel Einzelgänger und bilden nur zur Fortpflanzungszeit Paare. Die Werbephase ist kurz, unspektakulär und dauert unter Umständen nur Minuten. Nach der Paarung spielt das Männchen keine Rolle mehr. Die Mutter trägt ihr Junges – selten sind es zwei – mit sich herum.

Familien und Harems

Bei den Neuweltaffen leben die Löwenäffchen aus Südostbrasilien in kleinen Familiengruppen von bis zu acht eng verwandten Tieren. Das älteste Männchen

__Vorangegangene Seiten:__ Ein Orang-Utan-Baby (links) klammert sich am Fell seiner Mutter fest. Junge Paviane (oben rechts) bleiben in der Nähe der Mutter und imitieren ihre Handlungen.

__Oben:__ Durch laute Rufe während der Morgen- und der Abenddämmerung sichern Gibbons ihr Territorium.

__Gegenüber:__ Ein Mandrillmännchen zögert nicht, Rivalen mit seinen dolchartigen Eckzähnen zu bedrohen.

und das älteste Weibchen bilden das Zuchtpaar. Ihre schon älteren Nachkommen bleiben noch eine Weile bei ihnen und helfen bei der Aufzucht ihrer jüngsten Geschwister. Die Neugeborenen klammern sich in den ersten Lebenswochen am Bauch ihrer Mutter fest. Nach rund vier Wochen übernimmt meist der Vater die Hauptverantwortung für die Kinderpflege.

Anders geht es bei den Mandrill in Westafrika zu: Sie leben in von einem Männchen angeführten Haremsgruppen. Dieses Männchen paart sich als Einziger mit den Weibchen seiner Gruppe und jagt alle männlichen Rivalen davon. Die Weibchen pflanzen sich im Alter von vier bis acht Jahren fort und gebären alle zwei Jahre ein einziges Junges.

Die Bedeutung des Territoriums

Die meisten Gibbons gehen langfristige Partnerschaften mit starker Paarbindung ein. Sein Territorium grenzt ein solches Paar durch laute Rufe ab, denn ein Gibbon ohne Territorium hat kaum Chancen, sich fortzupflanzen. In der Regel wird alle zwei bis vier Jahre ein Junges geboren. Mit zehn Jahren verlassen die Nachkommen die Familie, suchen sich einen Partner und versuchen, ein eigenes Territorium zu finden.

Territorien sind auch für Orang-Utans wichtig. Ein voll ausgewachsenes Männchen beansprucht ein sehr großes Revier. Bei der Paarung gehen die Männchen trotz oft heftiger Proteste der Weibchen sehr grob vor. Noch nicht ausgewachsene, aber schon sexuell aktive Männchen schleichen sich manchmal heran und paaren sich mit einem Weibchen, wenn das ältere Männchen irgendwo anders in seinem Revier beschäftigt ist.

Mit Ausnahme der Menschen säugt und umsorgt kein anderer Primat seine Jungen so lange wie Orang-Utans. Bei der Futtersuche beobachtet und imitiert das Jungtier seine Mutter sorgfältig und lernt so, wo im Urwald Nahrung zu finden ist und wann im Jahr die verschiedenen Bäume Früchte tragen. Jungtiere bleiben fünf bis sieben Jahre bei ihrer Mutter, daher kann das Geburtsintervall bis zu acht oder mehr Jahre betragen.

Gorillakinder

Gorillas führen im Großen und Ganzen ein gemächliches Sexualleben. Die wenigen Weibchen in der Gruppe pflanzen sich ausschließlich mit dem Silberrücken fort. Nach einer kurzen Werbephase, in der er sich aufrichtet, hin und her stolziert und sich auf die Brust trommelt, kommt es zur Paarung. Nach einer Tragzeit von rund 8,5 Monaten wird das Baby hilflos und fast unbehaart geboren. Nach sieben Wochen kann es greifen, mit rund neun Wochen krabbeln und mit zwölf Wochen feste Nahrung zu sich nehmen. Mit vier Monaten reitet das Gorillajunge auf dem Rücken der Mutter, mit sechs Monaten fängt es an zu laufen und zu klettern, und mit drei Jahren wird es abgestillt. Wie Schimpansenkinder spielen auch junge Gorillas mit anderen Jungtieren und Erwachsenen in der Gruppe. Sie tollen umher, rollen über den Boden, ringen miteinander, spielen Fangen und entwickeln so ihre Kraft und Koordinationsfähigkeiten.

Schimpansenkultur

Schimpansen wechseln häufig ihre Partner, und das Werben um ihn ist wenig raffiniert. Die Jungen werden mit rosafarbenem Gesicht geboren, das im Lauf der Zeit allmählich nachdunkelt. Sie entwickeln sich ähnlich wie junge Gorillas, auch wenn sie eher und bereitwilliger klettern. Mit etwa vier Monaten beobachtet ein junger Schimpanse seine Mutter und andere Erwachsene aufmerksam bei der Nahrungssuche. Nach und nach erlernt er auch den Werkzeuggebrauch der Schimpansen. So wird Wissen von einer Generation zur nächsten weitergegeben, so dass bei diesen Großen Menschenaffen durchaus von „Kultur“ gesprochen werden kann.

Rechts: *Wie Menschenkinder benötigen auch Menschenaffenkinder viel Ruhe. Wenn die Gruppe zur Futtersuche in ein neues Gebiet umzieht, tragen Mütter ihre ganz jungen Tiere auf dem Arm. Nach ein paar Monaten jedoch sind die Muskeln und der Gleichgewichtssinn der Jungtiere so weit entwickelt, dass sie auf dem Rücken der Mutter reiten können.*

ARTENSCHUTZ

Primaten haben sich auf Bäumen entwickelt, und über 90 Prozent aller Arten leben auch heute noch in tropischen und subtropischen Wäldern. Aber in der heutigen Welt sind Holz und durch Abholzung entstandene Freiflächen wertvoll und begehrt. Durch den Verlust ihres Lebensraums und andere Gefahren wie Wilderei, Umweltverschmutzung und Kriege sind weltweit mehr als 100 Primatenarten bedroht. Einige können durch strikte Schutzmaßnahmen gerettet werden, viele andere jedoch stehen – von der Öffentlichkeit weitgehend unbemerkt – kurz vor dem Aussterben.

Bedrohungen und Gefahren

DIE BEI WEITEM größte Bedrohung für Primaten ist der Lebensraumverlust – das Verschwinden unberührter Wildnis durch menschliche Eingriffe. Diese reichen vom Bau neuer Städte, Straßen, Fabriken oder Freizeitanlagen über Lebensraumzerstörung durch Verschmutzung, Bergbau und andere Industrien bis zu Rodungen für Felder oder Viehweiden. In den wärmeren, dicht bewaldeten Regionen der Welt stecken Affen, Menschenaffen, Lemuren und andere Primaten in großen Schwierigkeiten. Wie viele Millionen Tiere und Pflanzen, mit denen sie zusammenleben, führen viele Arten zurzeit einen aussichtslosen Kampf ums Überleben.

Orang-Utans in Gefahr

Die ausweglose Notlage der beiden Orang-Utan-Arten veranschaulicht deutlich, wohin der Verlust von Lebensraum führt. In der vom Weltnaturschutzverband IUCN veröffentlichten Roten Liste der gefährdeten Tier- und Pflanzenarten wird der Borneo-Orang-Utan in der Kategorie „stark gefährdet" aufgeführt, und der Sumatra-Orang-Utan gilt sogar als „vom Aussterben bedroht". In ihrem Fall geht der Habitatverlust in erster Linie auf Abholzen tropischer Regenwälder zur Gewinnung von Harthölzern und auf Brandrodung zurück. Danach werden die gerodeten Flächen für die Landwirtschaft, vor allem für Ölpalmplantagen, genutzt. Aus diesen Palmen wird das weltweit gebräuchlichste Pflanzenöl hergestellt, das überall beim Kochen, in der Industrie und als Biotreibstoff eingesetzt wird. Da Palmölprodukte rund um die Welt verkauft werden, verschärfen wir als Verbraucher indirekt die Probleme der Orang-Utans.

Affenfleisch und Tierhandel

Durch schwindende Lebensräume ist die Population des Borneo-Orang-Utans auf weniger als 40 000 Tiere geschrumpft, und die Population des Sumatra-Orang-Utans liegt aller Wahrscheinlichkeit nach unter 5000 Tieren. Neben der Lebensraumzerstörung sind diese Großen Menschenaffen auch durch den Affenfleisch- und Tierhandel bedroht. Die Jagd auf Affen ist für viele Primaten, besonders jedoch für Affen und Menschenaffen in Westafrika, inzwischen aber auch in Asien und Südamerika, ein wachsendes Problem. Die Tiere werden gejagt und abgeschlachtet. Junge Orang-Utans und andere Primaten werden oft lebendig gefangen und als „exotische Haustiere" verkauft.

Düsteren Voraussagen zufolge wird der Sumatra-Orang-Utan bis 2025 ausgestorben sein, sofern nicht intensive Bemühungen zu seinem Schutz unternommen werden. Orang-Utans erregen als Sympathieträger viel öffentliche Anteilnahme, doch die Rodung der Wälder bedroht natürlich auch viele andere Primaten.

***Vorangegangene Seiten:** Durch den Bau neuer Häfen und Freizeitanlagen verkleinert sich zusehends das Mangrovenhabitat des Nasenaffen (links). Zerstückelte Habitate bedeuten, dass ein Orang-Utan-Männchen (rechts) eventuell ein zu kleines Streifgebiet für eine optimale Fortpflanzung hat.*

***Oben:** Orang-Utan-Babys werden ihren Müttern entrissen und mithilfe internationaler Schmugglerringe für viel Geld als „exotische Haustiere" an Privathaushalte verkauft.*

Gorillas in Schwierigkeiten

Der Westliche Gorilla ist kürzlich in der Roten Liste von der Kategorie „gefährdet" in die Kategorie „vom Aussterben bedroht" hochgestuft worden. In den letzten 25 Jahren hat sich seine Zahl mehr als halbiert. Neben Holzeinschlag und Habitatzerstörung hat sich der Fleischhandel mit westafrikanischen Wildtieren aller Art zu einem Geschäft großen Ausmaßes entwickelt. Zudem hat das für Menschen tödliche Ebola-Virus auch Gorillas infiziert und in einigen Regionen mehr als die Hälfte aller Gorillas dahingerafft.

Berggorillas fallen ebenfalls von Menschen verbreiteten Erregern zum Opfer, sind aber auch von Waldrodungen, Wilderern und skrupellosen Tierhändlern bedroht. Mit nur 600 bis 700 Tieren sind sie die seltenste Gorillaart und stehen am Rand der Ausrottung.

Bedrohung überall

Auf jeden bekannten bedrohten Menschenaffen, wie den Gorilla oder den Orang-Utan, kommen zahlreiche unbekanntere, jedoch nicht weniger bedrohte Primatenarten. Madagaskar beherbergt eine unvergleichliche Flora und Fauna. Ein Großteil seiner Tierwelt ist einzigartig und, wie die Lemuren, nur hier beheimatet. Doch die Lebensräume der Insel schwinden zusehends, da die Bewohner immer mehr Raum für Besiedlung, Landwirtschaft und Industrie beanspruchen.

4 der 25 gefährdetsten Primatenarten leben in Madagaskar. Es sind der Breitschnauzen-Halbmaki, der weiße Seidensifaka, der Braune Weißkragenmaki und der Sahahamalaza Wieselmaki. Der weiße Seidensifaka im Nordosten Madagaskars ist das Aushängeschild der kürzlich eingerichteten Weltnaturerbe-Stätte, des Marojejy-Nationalparks. Dennoch werden sie von der einheimischen Bevölkerung gejagt, um entweder gegessen oder aus Rache getötet zu werden, wenn sie deren Feldfrüchte stehlen.

***Gegenüber:** Trotz gesetzlicher Schutzbestimmungen werden schwarze Haubenlanguren als Haustiere gefangen oder als Fleischlieferanten getötet.*

Bedrohte Neuweltaffen

Auf der Roten Liste der 25 gefährdetsten Primatenarten stehen drei Neuweltaffen: der Braune Klammeraffe, der Braunkopfklammeraffe und der Gelbschwanzwollaffe. Der Gelbschwanzwollaffe galt seit den 1920er Jahren als ausgestorben, wurde aber 1974 in den tropischen Andenausläufern im östlichen Peru wiederentdeckt, und zwar in den gebirgigen Nebelwäldern. Ein Teil seines Lebensraums ist jedoch durch Städte, Straßen und Farmen ersetzt worden. Dies führt zu einem ernsten Problem: der Zerstückelung des Lebensraums oder Habitatfragmentierung.

Zu einer Habitatfragmentierung kommt es, wenn das natürliche Verbreitungsgebiet einer Art durch das Vordringen der Zivilisation nach und nach in kleinere isolierte Inseln zerteilt wird. Die Vertreter der Art finden nicht mehr genug Nahrung, oder ihre zerstückelten Reviere sind zu klein, um sich darin erfolgreich fortzupflanzen. Eine Fragmentierung schränkt auch die Abwanderung von Tieren in neue Gebiete ein. Normalerweise werden durch Abwanderungen Inzuchtprobleme in der Zuchtpopulation vermieden. So kann eine Habitatfragmentierung dazu führen, dass selbst bei hoffnungsvoll erscheinender Gesamtzahl der Individuen einer Art nur kleine Gruppen überleben, die auf lange Sicht nicht lebensfähig sind.

Darüber hinaus wird der Gelbschwanzwollaffe gejagt, da sein langes, dickes Fell und vor allem die gelben Haarbüschel auf der Unterseite seines Schwanzes sehr begehrt sind. Das Schicksal, als Jagdtrophäe zu enden, droht auch vielen anderen Affen- und Menschenaffenarten. Ein weiterer vom Aussterben bedrohter Neuweltaffe ist der Nördliche Spinnenaffe, von dem es nur noch wenige hundert Exemplare gibt.

Gegenüber: *Die in Brasilien, Kolumbien und Peru beheimateten Roten Uakaris leiden unter dem Schwinden ihres Lebensraums.*

Oben rechts: *Nördliche Spinnenaffen gehören zu den seltensten Affen.*

Unten rechts: *Es gibt nur noch weniger als 250 Braune Klammeraffen.*

Reservate und Schutzgebiete

AUF DEN ERSTEN Blick scheint die Lösung für das Problem Lebensraumverlust auf der Hand zu liegen – nämlich die Lebensraumvernichtung zu stoppen. So könnten beispielsweise abgeholzte tropische Wälder wiederaufgeforstet und geschützt werden, mit dem Ziel, dass sie sich erholen und ihre Tierwelt zurückkehrt.

Leider funktioniert die moderne Welt nicht so. In den Regionen tropischer Regenwälder kämpfen viele Menschen um ihre bloße Existenz. Um den Lebensstandard reicher Industrienationen zu erlangen, bauen sie ihre Industrien und ihre Landwirtschaft immer weiter aus. Die Rettung bedrohter Primaten und anderer Wildtiere steht ganz unten auf ihrer Prioritätenliste.

Doch seltene Tierarten – vor allem Gorillas, Schimpansen, Orang-Utans, Affen und Lemuren – stellen selbst eine wertvolle Ressource dar. Menschen zahlen dafür, sie sehen zu können, und bringen damit durch Ökotourismus Geld in die Region. Dieses Geld kann für nachhaltige Vorhaben eingesetzt werden, die das lokale Naturerbe respektieren. Einer der vielen Wege, die Wildtierressource zu nutzen, besteht darin, bestimmte Regionen als Reservate, Parks und Schutzgebiete auszuweisen, in denen Tiere, Pflanzen und der gesamte natürliche Lebensraum vor Eingriffen, Schädigungen und industrieller Entwicklung geschützt werden.

Die Gorillaberge

Berggorillas gehören wegen ihrer geringen Verbreitung zu den bedrohtesten Tieren. Ihre auswegslose Lage ist von den drei afrikanischen Ländern, in denen sie leben, die Demokratische Republik Kongo, Uganda und Ruanda, erkannt worden. Der wichtigste Lebensraum der Berggorillas sind die Virunga-Berge – dort leben noch etwa 350 Tiere. Zu ihrem Schutz wurden drei Parks eingerichtet: der Virunga-Nationalpark in der Demokratischen Republik Kongo, der Vulkan-Nationalpark in Ruanda und der Mgahinga-Nationalpark in Uganda. Eine separate Population von 290 Berggorillas lebt im Bwindi-Impenetrable-Nationalpark in Uganda. Die Weltnaturerbe-Stätte von Bwindi ist besonders faszinierend, weil dort neben Gorillas auch Schimpansen und andere Primaten wie Paviane, Stummelaffen und Meerkatzen zuhause sind. Im Rahmen des Projekts Bwindi Impenetrable Great Ape führen hier viele Wissenschaftler Forschungen durch, vor allem über die Beziehungen zwischen Berggorillas und Schimpansen, zwei Menschenaffenarten, die nirgendwo sonst aufeinandertreffen.

Berggorillas gehören heute zu den am strengsten bewachten und geschützten Tieren der Welt. Dennoch kommt es immer wieder zu Verlusten durch Wilderei. Das Gelände ist dicht und unübersichtlich, und es ist unmöglich, sämtliches Kommen und Gehen zu überwachen. Ein zusätzliches Problem sind Stammeskonflikte, die den Ökotourismus und selbst Wildhüterpatrouillen gefährlich machen.

Kriegerische Auseinandersetzungen

Der Salonga-Nationalpark (der die Größe der Niederlande hat) in der Demokratischen Republik Kongo wurde 1970 speziell zum Schutz von Bonobos, die nur im Kongo vorkommen, gegründet. Die Region wird jedoch von Unruhen, Konflikten und offenem Krieg erschüttert. Den Park richtig zu überwachen, ist unter solchen Umständen unmöglich. Jagen ist zwar illegal, dennoch dringen häufig bewaffnete Banden in den Park ein. Sie töten die dort lebenden Tiere – auch Bonobos –, um sich zu ernähren oder mit dem Affenfleisch zu handeln.

Wegen des dichten Waldes variieren die Schätzungen über die Größe der Bonobo-Populationen erheblich; sie liegen zwischen 10 000 und 50 000 Tieren. Die meisten Beobachter stimmen darin überein, dass die Population in den letzten 30 Jahren drastisch abgenommen hat. Die Einrichtung mehrerer neuer Bonobo-Schutzgebiete, wie Lomako-Yokokala, Tumba-Ledima und Sankuru, in den 2000er Jahren lassen jedoch wieder neue Hoffnung aufkeimen.

Hoffnung für Orang-Utans

Die wohl berühmteste Orang-Utan-Stätte ist das Sepilok Orang-Utan Rehabilitation Center im Kabili-Sepilok Forest Reservat in Sabah, Nordborneo. Hier werden verwaiste junge Orang-Utans von speziell ausgebildeten Tierpflegern nach und nach wieder auf ein Leben in der Wildnis vorbereitet. Sepiloks Tierpfleger agieren als Ersatzmütter und helfen ihren Schützlingen, die Fertigkeiten zu erlernen, die sie für ein unabhängiges Überleben benötigen. Darüber hinaus sammeln sie Spenden und leisten wertvolle Öffentlichkeitsarbeit – das Zentrum hat über 70 000 Besucher pro Jahr.

Vorangegangene Seiten: *Nahes Herankommen und engerer Kontakt zu Gorillas (rechts und links) sind erst nach vielen Monaten geduldiger Annäherung möglich – die Tiere brauchen viel Zeit, um sich an die Gesellschaft von Menschen zu gewöhnen.*

Oben: *Der Salonga-Nationalpark, der zum gefährdeten UNESCO-Weltnaturerbe gehört, ist das größte Reservat im tropischen Regenwald Afrikas und die größte Hoffnung für die stark bedrohten Bonobos.*

Gegenüber: *Im Sepilok Center in Borneo werden junge Orang-Utans auf das Leben in freier Wildbahn vorbereitet – doch diese „Wildbahn" verschwindet immer rascher.*

Oben: Über 100 Zoos halten weltweit mehr als 550 Goldgelbe Löwenäffchen und züchten sie mit dem Ziel, sie auszuwildern. Regelmäßig werden einzelne Tiere ausgetauscht, um Inzucht zu verhindern.

Gegenüber: *Der Sansibar-Stummelaffe ist das Aushängeschild von Natur- und Artenschutzprogrammen der Insel Sansibar vor der Küste von Tansania, Ostafrika.*

Löwenäffchen in Brasilien

Ein ermutigendes Beispiel für ein erfolgreiches Schutzprojekt zeichnet sich bei dem Goldgelben Löwenäffchen ab. Jahrelang wurde sein spezieller Lebensraum im atlantischen Küstenregenwald Brasiliens durch Holzeinschlag und Rodungen für Ackerland zerstört, bis nur noch zwei Prozent übrig waren. Ferner wurden zahlreiche Krallenäffchen für Zoos, den Haustierhandel und Labortests gefangen. In den 1960er Jahren gab es in freier Wildbahn nur noch weniger als 200 dieser eichhörnchengroßen Tiere.

Eine weltweite Kampagne bewirkte in der Öffentlichkeit ein Umdenken. Die Affenart wurde zum Symbol für alle bedrohten Tierarten Brasiliens. In Zoos rund um die Welt wurden Goldgelbe Löwenkopfäffchen in langfristige Zuchtprogramme aufgenommen. 1974 wurde im Staat Rio de Janeiro der Poço-das-Antas-Naturpark eingerichtet, der eine Fläche von 16 600 Hektar umfasst. Die Auswilderung von in Gefangenschaft gezüchteten Löwenäffchen begann 1984. Bis 2005 stieg die Population der Tiere in freier Wildbahn wieder auf rund 1400, so dass das Goldgelbe Löwenäffchen jetzt nicht mehr als „vom Aussterben bedroht", sondern als „stark gefährdet" gelistet wird.

Hilfreiche Maßnahmen

Zucht in Gefangenschaft ist für verschiedene Primatenarten, von Lemuren bis Gorillas, von großer Bedeutung. Wie bei der Pferdezucht führen Zoos und Wildparks Zuchtbücher, die die genetische Geschichte von Einzeltieren und Gruppen festhalten.

Das Washingtoner Artenschutzabkommen (WA), das den internationalen Handel mit bedrohten Tierarten regelt, verbietet den Verkauf oder Handel mit Tierteilen und -produkten. Alle Primaten werden im Anhang II des Abkommens als schutzbedürftige Arten aufgeführt. Darüber hinaus werden mehr als 60 Arten, vom Fingertier bis zum Sansibar-Stummelaffen sowie alle Menschenaffen, im Anhang I als unmittelbar bedroht eingestuft, wodurch der Handel mit ihnen ausnahmslos untersagt ist.

Die Zukunft

IN SO MANCHER Hinsicht haben wir Menschen mit Affen, Menschenaffen und anderen Primaten viel gemein. Forscher machen auch weiterhin erstaunliche Entdeckungen bei Primaten, ob es sich um Übertragungswege von Krankheiten handelt, um das Wesen der Intelligenz oder die Entwicklung der Kultur. Medizinische Primatenversuche sind zwar umstritten, ihre Befürworter argumentieren jedoch, dass hinsichtlich lebensrettender Behandlungen bei keinen anderen Tieren so genaue Rückschlüsse auf den Menschen gezogen werden können. Obwohl die meisten Primaten für Forschungszwecke in den USA in Gefangenschaft gezüchtet werden, werden immer noch rund 14 000 Tiere jährlich eingeführt.

Primaten spielen eine wichtige Rolle für die Zukunft des Natur- und Artenschutzes. Wir identifizieren uns mit ihren komplexen Verhaltensweisen, ihrer Intelligenz und ihrem ausgeprägten Sozialverhalten. Beliebte Arten fungieren als Sympathieträger für Kampagnen zum Schutz von Wildtieren. Sie werden zum Mittelpunkt von Schutzbemühungen, die allen Tieren und Pflanzen einer Region zugutekommen. Aber zur Sicherung von Schutzgebieten ist es notwendig, menschliche Probleme wie Armut, Korruption und regionale Konflikte anzugehen, so dass auch die einheimische Bevölkerung davon profitiert.

Mehr als 30 Primatenarten, darunter der Cross-River-Gorilla, Sumatra-Orang-Utan, Braune Klammeraffe, Rote Schlanklori und auch der Siau-Island-Koboldmaki, drohen innerhalb der nächsten 20 bis 30 Jahre von unserem Planeten zu verschwinden. Nur energische, finanzkräftige und nachhaltige internationale Schutzbemühungen können sie retten und die Zukunft einiger der faszinierendsten und großartigsten Geschöpfe der Welt sichern.

Gegenüber: *In Südafrika sind Bärenpaviantrupps zu einer Plage geworden, da sie auf Nahrungssuche Mülltonnen umstoßen und sogar in Häuser eindringen.*

Oben: *Die gefährdeten Schlankloris werden für Tierversuche gefangen und für die Herstellung von traditionellen Heilmitteln getötet.*

Interessantes in Kürze

Größe

- Der größte Menschenaffe und gleichzeitig größte Primat ist der männliche Gorilla (Silberrücken), der über 200 kg wiegen kann.
- Die kleinsten Menschenaffen sind Gibbonarten wie der Kloss-Gibbon mit rund 5 kg.
- Der größte Affe ist der Mandrill mit über 30 kg.
- Der kleinste Affe ist das Zwergseidenäffchen, das rund 100 g wiegt.
- Die größten Lemuren sind die Indris und die Diademsifakas, die es auf rund 7 kg bringen.
- Der kleinste Lemur und auch der kleinste Primat ist der Zwerg-Mausmaki mit 30 g.

Körperproportionen

Der Intermembralindex (IM) ist das Verhältnis von Armlänge zu Beinlänge. Je höher er ist, umso länger sind die Arme in Relation zum ganzen Körper:

- Guereza 78
- Mensch 80
- Anubispavian 95
- Schimpanse 100
- Schwarzer Klammeraffe 105
- Gorilla 115
- Siamang (größter Gibbon) 140

Lebensweise und Gewohnheiten

- Ein erwachsenes Gorillamännchen kann täglich mehr als 20 kg – vorwiegend pflanzliche – Nahrung verzehren, im Vergleich zu 1,5 kg beim Menschen.
- Die einzigen ausschließlich nachtaktiven Affen sind die südamerikanischen Nachtaffen. Sie haben riesige Augen und stoßen eulenartige Rufe aus.
- Die Männchen der Nachtaffen kümmern sich von allen Primaten am meisten um die Jungen. Das Männchen trägt den Nachwuchs die ersten zwei Monate mit sich herum und bringt ihn der Mutter nur zum Säugen.
- Gibbons gelten als die schnellsten Primaten, wenn sie sich durch Schwinghangeln (Brachiation) fortbewegen. Mit einzelnen Schwüngen von 15 m erreichen sie eine Geschwindigkeit von 12 m pro Sekunde, während sie bei maximaler Laufgeschwindigkeit nur auf 3 m pro Sekunde kommen.
- Schlankloris waschen Hände, Füße und Gesicht mit eigenem Urin, um ihr Territorium geruchlich zu markieren und vielleicht auch, um den Juckreiz von Insektenstichen zu lindern.
- Den Altersrekord bei nichtmenschlichen Primaten hält der Schimpanse Cheeta. Er war in den 1930er- und 1940er-Jahren der Star vieler Tarzan-Filme und ist im April 2008 bereits 76 Jahre alt geworden.

Oben: *Der Indri ist Madagaskars größter freilebender Primat.*

Oben: *Der schwanzlose Berberaffe lebt im Atlasgebirge in Algerien und Marokko. Eine kleine, möglicherweise eingeführte Population ist auch in Gibraltar beheimatet.*

Affen und Menschen

- Die Rhesus-Blutgruppen Rh+ und Rh– der Menschen wurden nach entsprechenden Blutgruppen der Rhesusaffen benannt.
- Hanuman-Languren sind nach dem Hindugott Hanuman benannt und vielen Menschen heilig. Sie werden vor allem in Tempeln gefüttert.
- Mehrere Affenarten, darunter Kapuzineraffen und Makaken, werden abgerichtet, auf Plantagen Früchte, beispielsweise reife Kokosnüsse, zu ernten.
- Die Bezeichnung „Uakari" leitet sich angeblich von einem lokalen südamerikanischen Wort für Europäer ab, weil das nackte, rote Gesicht dieser Affen die Einheimischen an sonnenverbrannte Weiße erinnerte.
- Zu den intelligentesten Affen gehören Kapuzineraffen, vor allem die Gehaubten Kapuziner. Sie sind zu Helfern für gelähmte Menschen und sogar zu „Aufklärern" der nordamerikanischen Polizei abgerichtet worden, ausgestattet mit Videokamera, Funksprechgerät und schusssicherer Miniweste.

Verbreitung

- Der Cross-River-Gorilla (eine Unterart des Westlichen Flachland-Gorillas) lebt in der Nähe der kamerunisch-nigerianischen Grenze in zerstückelten Gebieten, die zusammen eine Fläche von gerade einmal 200 km^2 ergeben.
- Nach dem Menschen haben Rhesusaffen die größte Verbreitung – ihr Vorkommen erstreckt sich von Afghanistan bis China.
- Japanmakaken oder „Schneeaffen" leben weiter nördlich als irgendeine andere nichtmenschliche Primatenart. Sie kommen mit Wintertemperaturen von –15 °C zurecht, indem sie sich in heißen vulkanischen Quellen aufwärmen, wo die Wassertemperatur auf über 40 °C steigen kann.
- Nur eine Primatenart, der Berberaffe, lebt wild in Europa. Eine kleine Kolonie von etwa 200 bis 250 Tieren lebt in Gibraltar an der Südspitze von Spanien.

Oben: *Hanuman-Languren sind in Indien ein gewohnter Anblick.*

Register